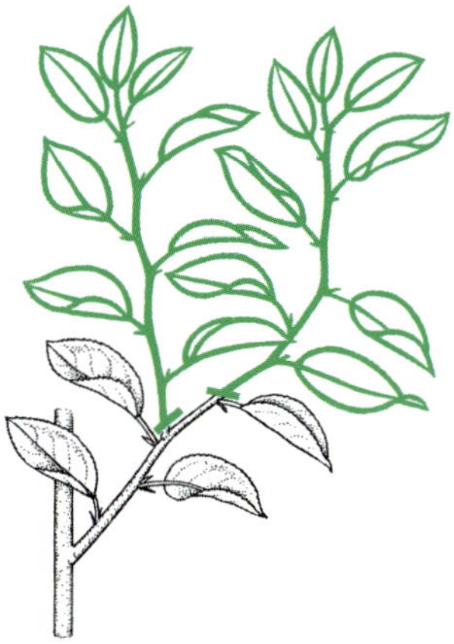

Gerd Großmann
Wolf-Dietmar Wackwitz

Spalierobst

Gerd Großmann
Wolf-Dietmar Wackwitz

Spalierobst

75 Farbfotos
34 Zeichnungen
5 Tabellen

E.U.
VERLAG
EUGEN
ULMER

■ *Seite 2/3: Frühlingsstimmung. Die Vorboten des Frühlings läuten die bevorstehende Apfelblüte ein.*

Die Deutsche Bibliothek – CIP-Einheitsaufnahme

Spalierobst : 5 Tabellen / Gerd Großmann ; Wolf-Dietmar Wackwitz. – Stuttgart (Hohenheim : Ulmer, 1998
ISBN 3-8001-5543-5

Wollgrasweg 41, 70599 Stuttgart (Hohenheim)
Printed in Germany
Lektorat: Dr. Angelika Eckhard
Produktion und DTP: Ulla Stammel
Druck und buchbinderische Verarbeitung: Friedrich Pustet, Regensburg

Vorwort

Der aufmerksame Betrachter kann an Hauswänden und Mauern, vor allem in älteren Grundstücken, Gärten oder Parkanlagen Obstgehölze in unterschiedlichsten, aber äußerst dekorativen Spalierformen finden.

Spalierobstbäume sind jedoch nicht nur schön anzusehen, mit Hilfe dieser Baumformen lassen sich beispielsweise auch eng begrenzte Flächen und Räume sinnvoll ausnutzen und große, gut belichtete und deshalb ausgefärbte Früchte erzeugen.

Die richtige Erziehung und Pflege eines Spaliers setzt natürlich gewisse Vorkenntnisse und Fertigkeiten voraus, die in den nachfolgenden Kapiteln dieses Buches ausführlich dargestellt werden und den Leser ermutigen sollen, sich selbst einmal an dieser „Liebhaberei“ zu versuchen. Mit der Zeit werden sich bestimmt Erfolge einstellen und zu einem ganz speziellen Flair im Garten beitragen.

Dresden, Sommer 1998

Gerd Großmann
Wolf-Dietmar Wackwitz

Von Reben umrahmter Eingang zu einem Weinberg.

Inhaltsverzeichnis

Seite 8/9: Licht und Schatten unter dem Dach eines Laubenganges.

Eine kreisförmige Gestaltung eines freistehenden Birnenspaliers.

Einführung

Von Menschenhand gestaltete Kunstformen an Gehölzen hat es bereits im Altertum gegeben. In römischen Innenhöfen und Gärten wurden vor allem Zypressen und Buchsbaum zu geometrischen Formen, aber auch zu mythischen Tierfiguren gestaltet. Diese Gestaltung von Gehölzen fand in der Zeit des Barocks ihren Höhepunkt und war ein Ausdruck der Macht und Herrlichkeit der europäischen Fürstenhäuser. Im Laufe der Zeit wurden für die Gestaltung der bizarren Formen nicht nur Laub- und Nadelgehölze verwendet, sondern mehr und mehr auch Obstgehölze.

Damit reicht die Geschichte des Obstbaumschnittes und somit auch die Kronengestaltung bis in das 17. Jahrhundert zurück.

Die Entwicklung des Kunstkronenbaus war im Zeitraum von 1650 bis 1890 besonders ausgeprägt. In dieser Epoche stand weniger die Wirtschaftlichkeit der Obsterzeugung im Vordergrund als vielmehr das Bestreben, durch die Gestaltung von Spalieren und regelrechten Kunstformen mehr auf eine gut begüterte, standesgemäße Stellung in der Gesellschaft hinzuweisen. Der Obstbau entwickelte sich so in erster Linie zur Liebhaberei. Mit dem Kunstkronenbau wurde vom natürlichen Wuchsbestreben des Obstgehölzes abgewichen. Diese strenge Formierung beschränkte sich aber nicht nur auf klein- und schwachwüchsige Obstgehölze, sondern auch auf Hochstammbäume, die in Pyramidenform erzogen wurden.

Bereits 1652 wird von Legendres, einem in preußischen Diensten stehenden Landschaftsgärtner, die Fächerspalierform beschrieben. Die Nachteile dieser Erziehungsform waren Ausgangspunkt für die Entwicklung weiterer uns heute noch bekannter Kronenformen, wie z.B. der U-Form. Vorbild für zahlreiche Spalierformen ist sicherlich der Rebstock, der aufgrund seines natürlichen Wuchsverhaltens nicht ohne Stützgerüst auskommt – bereits im Mittelalter wurden in Deutschland bis hoch in den Norden Rebstöcke an Südwänden spalierartig erzogen. Aber auch spezielle Schnittmaßnahmen, wie das Pinzieren, der Sommerschnitt oder der Fruchtbogenschnitt, sind vom Rebstock auf andere Obstgehölze übertragen worden.

Der Kunstkronenbau als Liebhaberei wurde jedoch im Laufe der Zeit in dem Maße zurückgedrängt, wie der Obstbau in der Landwirtschaft mehr und mehr zu einer weiteren Erwerbsquelle wurde. Die termingebundenen und zeitaufwendigen Arbeiten der Kronengestaltung standen den ökonomischen Aspekten entgegen. Damit hielt der naturgemäße Kronenbau Einzug.

Blühende Apfelbäume als Spindel erzogen.

Dieser schlug vereinzelt genau in das Gegenteil des Kunstkronenbaus um. Häufig wurde die Kronenentwicklung der Natur überlassen.

Mit der weiteren Ausweitung des Obstbaus als Erwerbszweig in der Landwirtschaft und im Gartenbau sowie der Entwicklung intensiver Obstanlagen waren erneut Änderungen in der Kronengestaltung erforderlich. Die Verwendung schwachwüchsiger Unterlagen, vor allem im Apfelbau, als intensive Anlagen mit hoher Pflanzdichte erfordert nun wieder die Anwendung von Maßnahmen, die bereits zur Zeit des Kunstkronenbaus entstanden sind.

In unserer Zeit erfreut sich die Gestaltung von Spalieren, Laubengängen oder Pergolen zunehmender Beliebtheit. Diese Erscheinung ist sicher auch darin begründet, daß die oftmals eintönige und triste Umwelt durch Gestaltungselemente dieser Form aufgelockert werden soll. Desweiteren bieten sich gerade Wandspaliere an, etwas unschöne Wandflächen zu bekleiden.

Durch den Spalierobstanbau können außerdem auf relativ kleinem Raum die verschiedensten Obstarten gepflanzt werden. Unbestritten ist die hohe Qualität der Früchte, die bei sachgerechter Pflege des Gehölzes geerntet werden können. Letztlich darf auch die klimatisierende Wirkung eines Wandspaliers nicht unterschätzt werden.

■ *Seite 14/15: Blühende Palmette mit waagerechten Fruchtästen.*

Warum muß es am Eingang zu einem Grundstück ein Spalierbogen sein, der in den meisten Fällen von Rosen umwachsen ist? Bei ausreichendem Platz könnte der Eingangsbereich ebenso mit einem fruchttragenden Gehölz bepflanzt werden. Damit wären gleich mehrere Schmuckeffekte erreicht. Während die Rose nur zu einer gewissen Zeit blüht, erfreut ein Obstgehölz sowohl mit der Blüte als auch mit den reifenden Früchten. Zusätzlich bestechen manche Obstarten auch noch durch eine herrliche Herbstfärbung.

Laubengänge und Pergolen bilden in sich relativ abgeschlossene Bereiche, von denen störende Umwelteinflüsse, wie Lärm und Staub, abgehalten werden. Gerade bei diesen Gestaltungsformen, in denen sich der Mensch im wahrsten Sinn des Wortes mittendrin befindet, kann er die Faszination der Entwicklung eines fruchttragenden Gehölzes vom Austrieb über die Blüte bis zur Reife der Früchte miterleben. Diese, auf das seelische Gleichgewicht des Menschen positiv einwirkenden Effekte, werden durch den ökologischen Wert von Pergolen und Laubengängen noch erhöht. Sehr häufig brüten Singvögel im Schutze des Laubes und Geästes.

■ *Torbogenförmig gestaltete Apfelbäume.*

■ *Linke Seite: Rebenspalier zur Hausbegrünung.*

Allgemeines zum Spalierobstbau

Bei der Formierung eines Obstgehölzes in Spalierform haben neben der Auswahl des zur Erziehung geeigneten Pflanzenmaterials natürlich auch die gewünschte und der Erziehungsform entsprechende Schnittmaßnahme und die notwendigen Unterstützungsvorrichtungen eine große Bedeutung. Selbstverständlich sind auch die üblichen pflanzenbaulichen Erfordernisse, wie Standort, Pflanzung, Bodenpflege, Düngung und Bewässerung sowie Ernte, zu beachten.

Diese Elemente sollen im folgenden Abschnitt allgemein erläutert werden, bevor auf die konkreten Erfordernisse der einzelnen Obstarten eingegangen wird.

Unterstützungsvorrichtungen für Spaliere

Die Unterstützungsvorrichtungen erfüllen zum einen den Zweck, dem Gehölz einen sicheren Stand zu geben, zum anderen soll das Gehölz an der Unterstützungsvorrichtung formiert werden. Darüber hinaus ist zu bedenken, daß die Unterstützungsvorrichtung in ihrer Gestaltung sowie in der Wahl der Materialien ihrer Umgebung angepaßt wird, denn gerade in der vegetationslosen Zeit wird die Unterstützungsvorrichtung zum gestaltenden Element – sie hat neben ihrer Zweckbestimmung

Ein nicht ganz akkurat gebautes Holzspalier steht dennoch gut im Einklang mit dem alten Bauernhof.

auch einen ästhetischen Wert. Dies trifft besonders für Hausspaliere und Pergolen zu.

Die Materialien für die Unterstützungsvorrichtung können aus Stahl, Beton, Holz oder Draht gefertigt sein. Je stärker wachsend ein Gehölz und je größer der zu erwartende Ertrag ist, desto stabiler muß die Unterstützungsvorrichtung sein. Dem Schutz vor Witterungseinflüssen sowie Einflüssen von Pflanzenschutzmitteln auf die verwendeten Materialien ist besonderes Augenmerk zu schenken. Die Haltbarkeit des Gerüstes muß mindestens so lange gewährleistet sein, wie die zu erwartende Lebensdauer des Gehölzes ist.

Allgemein können drei Gerüstformen unterschieden werden, das Freie Spalier, das Wandspalier und die Pergola.

Freies Spalier

Unter günstigen klimatischen Bedingungen ist es möglich, im Garten ein freistehendes Spalier zu errichten Damit lassen sich im Garten unterschiedlich genutzte Flächen abgrenzen. In der Vegetationszeit bilden diese Spaliere einen grünenden und fruchtenden lebendigen Zaun mit einer praktischen Windschutzwirkung. Sie sollten in Nord-Süd-Richtung verlaufen und sind besonders für klein- oder schwachwüchsige Gehölze geeignet. Im Weinbau ist der Drahtrahmen eine übliche Form der Unterstützungsvorrichtung.

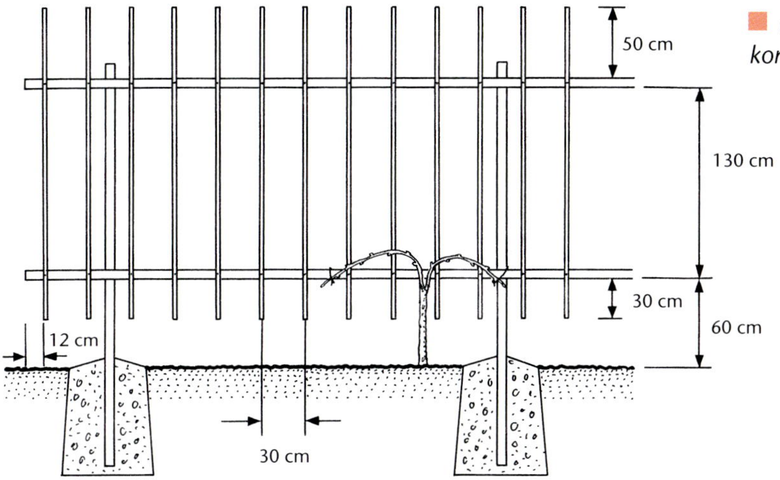

Freies Spalier als Lattenkonstruktion.

■ *Mit einem niedrigen Birnenspalier läßt sich ein Garten gut in unterschiedlich genutzte Räume trennen.*

■ *Drahtrahmenanlage in einem Weinberg.*

Das Spalier besteht aus stabil eingesetzten Endpfosten. Diese können aus Holz, Beton oder Stahl gefertigt sein. Je nach Länge der Spalierreihe muß im Abstand von etwa fünf Metern ein Zwischenpfosten gesetzt werden. Die Spalierdrähte können nun straff gezogen werden und hängen nicht durch. Insgesamt wird auf diese Weise eine ausreichende Stabilität des gesamten Spaliers erreicht.

Der unterste Draht verläuft in Stammhöhe, also in der Zone der ersten Tragholzserie. Über diesem Biegedraht befinden sich im Abstand von mindestens 30 cm weitere Heftdrähte, an welche die Sommertriebe zu binden sind. Im Weinbau hat sich die Verwendung von Doppeldrähten bewährt. In diese brauchen die Sommertriebe nur eingeleitet werden, damit entfällt das Anbinden und Heften. Werden mehrere Spalierreihen nebeneinander angelegt, muß der Abstand so groß sein, daß eine gegenseitige Beschattung der Reihen ausgeschlossen wird.

Für die Höhe eines freistehenden Spaliers ist maßgebend, daß alle notwendigen Pflegearbeiten vom Boden aus durchgeführt werden können. Der oberste Spalierdraht ist deshalb in einer Höhe von etwa zwei Metern zu ziehen.

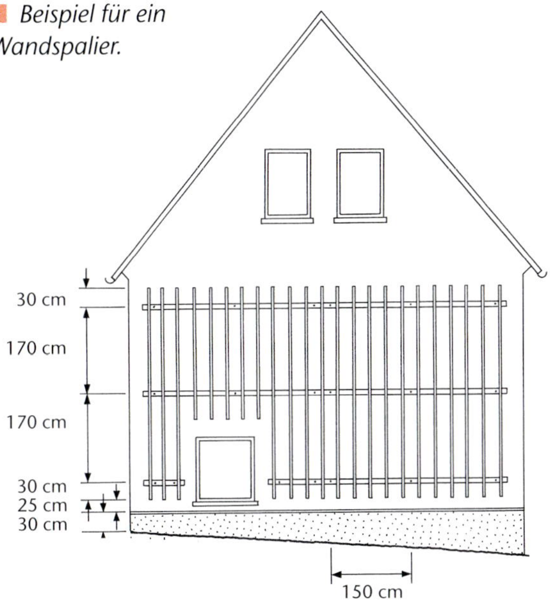

Beispiel für ein Wandspalier.

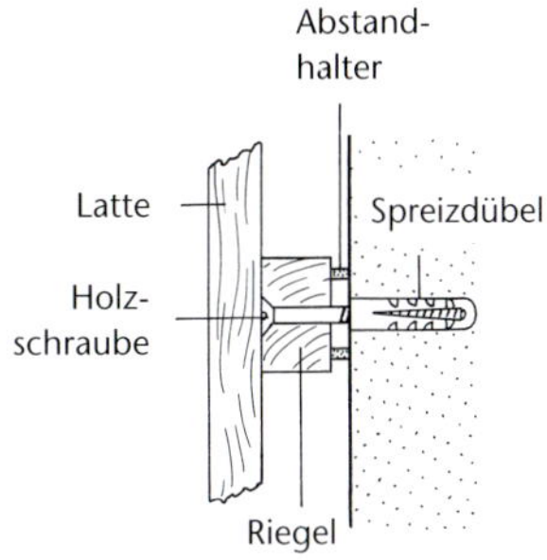

Wandspalier

Grundsätzlich ist beim Wandspalier darauf zu achten, daß zwischen der Hauswand und dem Spalier ein Abstand von 10 bis 15 cm verbleibt. Bei Verwendung von Holzlatten dürfen diese niemals direkt an der Hauswand befestigt werden. Der Abstand garantiert eine gute Durchlüftung der Laubwand und verringert den Befallsdruck durch Krankheiten.

Das Wandspalier besteht aus einem unteren und einem oberen Querträger, die an gut befestigten Stahlhaken eingehängt werden. An diese Querträger werden in einem Abstand von maximal 30 cm senkrechte Latten befestigt. Die Latten sollten weder zu dünn noch zu stark bemessen werden. Als Richtwert ist eine Lattenstärke von 25 × 35 mm anzusehen.

Ein solide gebautes Wandspalier aus Holz.

Reben als Hecke erzogen zur Einfriedung eines Grundstückes.

Gut gestaltete Holzspaliere haben sogar einen gewissen Schmuckwert für die Wände. Steht die Schmuckfunktion weniger im Vordergrund, so genügt es, wenn das Spalier aus einem Holzrahmen besteht und anstelle der Latten nur senkrechte oder waagerechte Drähte gezogen und verspannt werden.

Bei Verwendung von Draht eignet sich plastummantelter Eisendraht besonders gut. Doppelt verzinkter Eisendraht korridiert u.a. bei Anwendung schwefelhaltiger Pflanzenschutzmittel, und durch den entstehenden Rost können an Trieben und Ästen Scheuerstellen entstehen.

Pergola

Eine Pergola oder auch Dachlaube kann in Form und Gestaltung unterschiedlich aufgebaut sein. Es ist möglich, Sitzplätze mit dem natürlichen Laubdach zu beschatten oder Laubengänge zu gestalten. Ebenso wirkt eine Pergola über einem Grundstückseingang sehr dekorativ.

Hier wurde mit Apfelbäumen ein Bogengang gestaltet.

Bogenförmiger Laubengang.

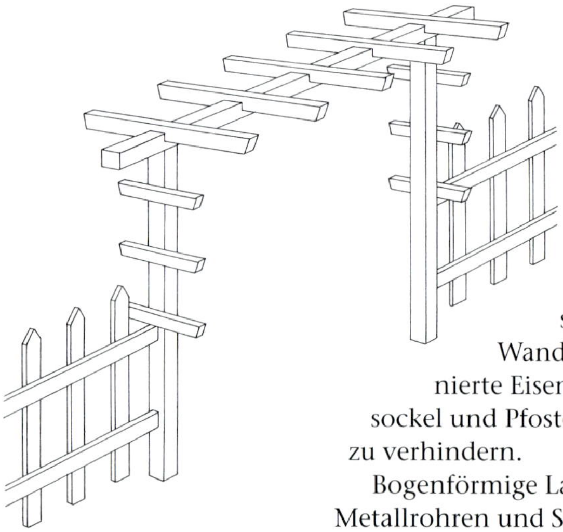

Bei der Pergolaerziehung gelangen als Material vor allem Holz sowie Eisen zur Anwendung. Für das dachartige Spalier eignen sich Holzlatten und Drähte (Abb. S. 21 und 22).

Aufgrund der hohen Belastung, die auf das Dachspalier wirkt, muß die Pergola solide gebaut sein. Bei Verwendung von waagerecht liegenden Holzlatten sind diese stärker zu bemessen als bei Wandspalieren. Holzpfosten sind so an einbetonierte Eisen anzuschrauben, daß zwischen Betonsockel und Pfostenfuß ein Freiraum bleibt, um Holzschäden zu verhindern.

Bogenförmige Laubengänge lassen sich am besten mit Metallrohren und Spalierdrähten errichten.

Pergola zur Gestaltung eines Grundstückseingangs.

Erziehungsformen

Im Laufe der Zeit haben sich zahlreiche Formen des Spaliers herausgebildet. Welche Gehölzform zur Anwendung kommt, ist einerseits abhängig von den natürlichen Voraussetzungen, die das Gehölz mitbringt (Wüchsigkeit, Elastizität der Triebe), aber auch vom Platzangebot und dem Geschick des Hobbygärtners. In der Vergangenheit hatte außerdem die jeweilige Mode einen Einfluß darauf, welche Spalierform erzogen wurde.

Im allgemeinen läßt sich zwischen strengen, regelmäßigen (Schnurbaum) und komplizierteren Formen (Palmette, Becherform) unterscheiden.

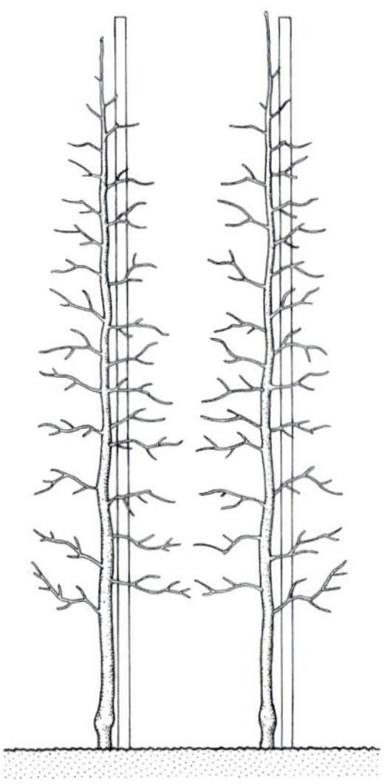

Senkrechter Schnurbaum.

Schnurbaum

Die einfachste Form ist der **senkrechte Schnurbaum**. Diese Erziehungsform ist besonders für den Anfänger gut geeignet, sich mit der Formierung vertraut zu machen.

Hat man die Behandlung des senkrechten Schnurbaumes richtig verstanden, können auch andere, schwierigere Baumformen recht gut behandelt werden. Eine Vielzahl von ihnen setzt sich vom Prinzip her aus mehreren senkrechten Schnurbäumen zusammen.

Apfelbäume als Spindel erzogen in einem Erwerbsobstgarten.

Der senkrechte Schnurbaum gliedert sich lediglich in die Stammverlängerung und die an ihr befindlichen Seitentriebe. Ein weiterer Vorteil dieser Erziehungsform besteht darin, daß die Bäume sehr frühzeitig Früchte tragen. Dieser Fruchtbehang bremst das Wachstum und fördert damit die Bildung von kurzem Fruchtholz (Abb. S. 22).

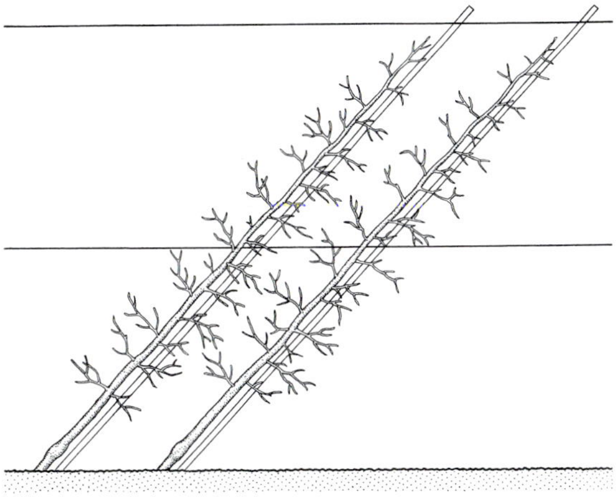

Schräger Schnurbaum.

Interessanter ist dagegen der **schräge Schnurbaum.** Er besteht, wie der senkrechte Schnurbaum, aus einer geraden Stammverlängerung, die jedoch im Winkel von 45° zur Senkrechten geneigt ist (siehe Abb.). Die geneigte Lage der Stammverlängerung fördert die Bildung von Blütenknospen und damit die Fruchtbildung. Außerdem verfügt man bei dem schrägen Schnurbaum im Vergleich zum senkrechten Schnurbaum bei gleicher Spalierhöhe über eine längere Mittelachse. Das kann bei einer sehr begrenzten Wandhöhe von beispielsweise zwei Metern durchaus bedeutungsvoll sein. Während in diesem Fall der senkrechte Schnurbaum eine Stammverlängerung von nur zwei Metern aufweist, beträgt diese beim schrä-

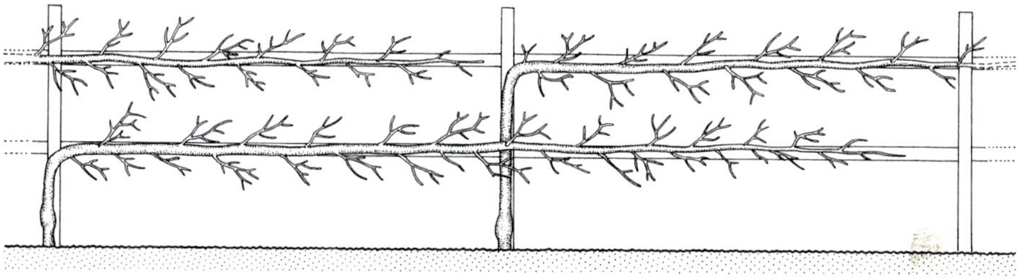

Waagerechter Schnurbaum

gen Schnurbaum unter den gleichen Verhältnissen drei Meter. Diese größere Länge führt zu der gewünschten Wuchsschwächung.

Als nächstes ist der **waagerechte Schnurbaum** zu erwähnen, bei dem die Stammverlängerung waagerecht erzogen wird (siehe Abb.). Diese Baumform bleibt verhältnismäßig niedrig und weicht sehr stark vom natürlichen Wuchs ab. Eine Folge dieser Erziehungsform ist, daß sich an der Oberseite der waagerecht erzogenen Stammverlängerung jährlich eine Vielzahl senkrechter Neutriebe entwickelt. Diese müssen mit einem verhältnismäßig hohen Aufwand immer wieder entfernt werden.

An der Oberseite der Fruchtäste des waagerechten Schnurbaumes bilden sich immer wieder senkrechte Austriebe, die entfernt werden müssen.

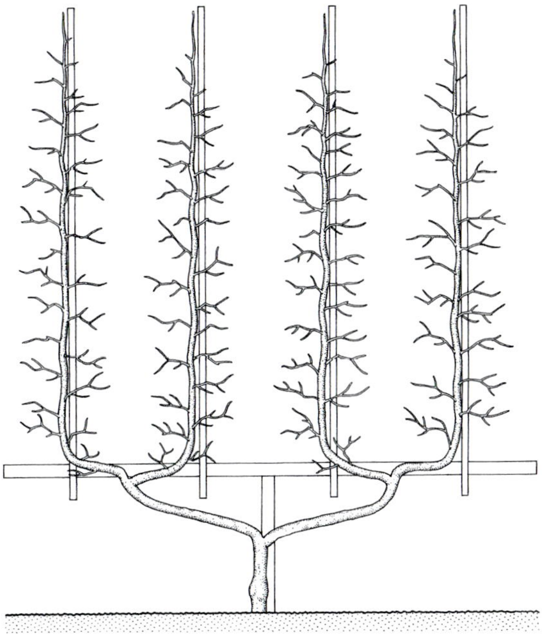

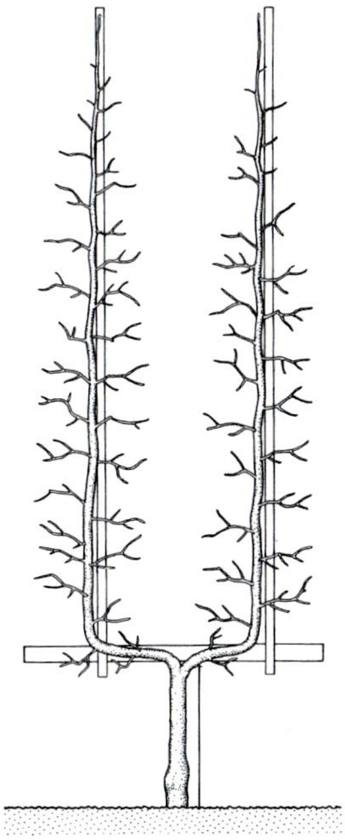

U-Form

■ *Links: Doppelte U-Form.*

■ *Rechts: U-Form.*

Den Übergang vom einfachen Schnurbaum zu den komplizierteren Formen bildet die **U-Form**. Diese Form verdient die größte Empfehlung, weil sie einen hohen dekorativen Wert hat und verhältnismäßig einfach zu erziehen ist. Gegenüber dem einfachen Schnurbaum hat sie den Vorteil, daß sich die Wuchskraft des Baumes auf zwei senkrechte Schnurbäume verteilt. Der Austrieb wird dadurch schwächer als beim senkrechten Schnurbaum. Die **doppelte U-Form** besteht aus zwei miteinander verbundenen U-Formen. Sie verfügt also über vier „senkrechte Schnurbäume“.

Palmette

Eine weitere Gruppe von Erziehungsmöglichkeiten wird unter dem Begriff „**Palmette**“ zusammengefaßt. Diese Erziehungsform ist durch eine gerade Stammverlängerung gekennzeichnet, an der **waagerecht** oder **schräg** (im Winkel von 45° zur Senkrechten) Seitenäste im Abstand von 35 bis 40 cm angeordnet sind. An diesen Seitenästen befindet sich das Fruchtholz.

Freistehendes Spalier in abgewandelter Form eines waagerechten Schnurbaumes.

Man könnte auch sagen, daß an der Stammverlängerung waagerecht oder schräg Schnurbäume erzogen wurden (Abb. S. 29 oben und mitte). Diese Baumform eignet sich besonders für starkwachsende Bäume.

Die **Verrier-Palmette** besteht aus der Stammverlängerung und im Winkel von 90° gebogenen Schnurbäumen. Diese sind an der Stammverlängerung zuerst als waagerechter Schnurbaum erzogen und werden anschließend als senkrechter Schnurbaum weitergeführt. Besonders dekorativ sind Verrier-Palmetten mit vier, sechs oder acht im Winkel von 90° gebogenen Schnurbäumen (Abb. S. 29 unten).

Mit dieser Auswahl ist die Mannigfaltigkeit der Formen bei weitem noch nicht erschöpft. Der Phantasie und Kreativität sind fast keine Grenzen gesetzt.

Begrünung einer wenig attraktiven Bretterwand, die auf diese Weise ein viel dekorativeres Aussehen erhält.

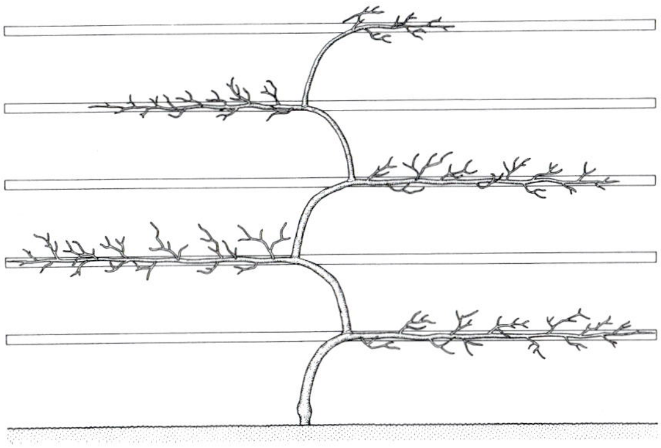

Palmette mit waagerechten Ästen.

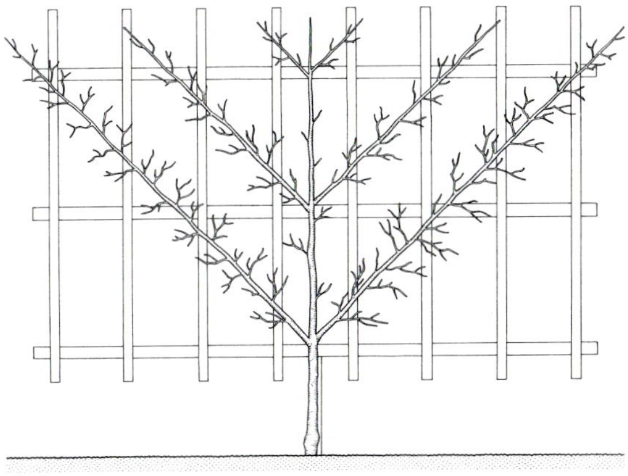

Palmette mit schrägen Ästen.

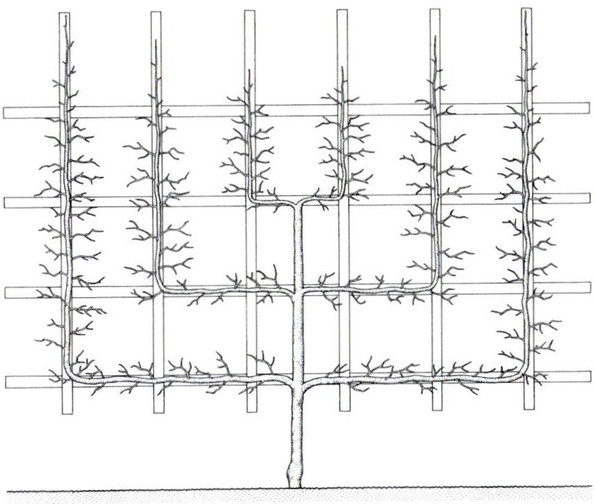

Verrier-Palmette.

Standortansprüche der Obstarten

Auch in Höhenlagen ist der Spalierobstbau an nach Süden gerichteten Wänden möglich.

Zu den Standortfaktoren sind der Boden, das Klima, die Lage und die Exposition zu rechnen. Alle diese Faktoren bestimmen die Eignung eines Geländes für den Anbau einer bestimmten Obstart oder -sorte.

Bei den Obstarten sind die Ansprüche an die einzelnen Faktoren unterschiedlich. Diese Unterschiedlichkeit resultiert aus den natürlichen Standortbedingungen der Herkünfte der Obstgehölze. Nicht in jedem Fall wird man für ein Gehölz unter den mitteleuropäischen klimatischen Bedingungen optimale Standortverhältnisse vorfinden. Diese lassen sich jedoch z.B. durch die Wahl von Wänden als Standort und dem damit verbundenen günstigen Kleinklima verbessern.

Außerdem lassen sich günstige Standortbedingungen beispielsweise durch Bodenverbesserungsmaßnahmen, die richtige Wahl des Standortes nach der Himmelsrichtung oder auch durch die richtige Wahl der geeigneten Sorten-Unterlagen-Kombination schaffen.

Obstgehölze, die sich für eine Spaliererziehung eignen, verlangen eine schwach saure bis neutrale Bodenreaktion, mit Ausnahme der Aktinidie, die eine saure Bodenreaktion bevorzugt. Der Boden darf nicht zu Staunässe neigen. In diesem Fall wäre durch Drainage für eine ausreichende Entwässerung zu sorgen.

Neben seiner Trägerfunktion für das Gehölz ist der Boden gleichzeitig Lieferant von Nährstoffen, die für das Gedeihen, Blühen und Fruchten unerläßlich sind und letztlich auch die Fruchtqualität in entscheidendem Maße beeinflussen. In der Jugendphase des Gehölzes ist ein ausreichender Humusgehalt erforderlich. Ist der Boden von Natur aus humusarm, so ist dieses Defizit bereits zur Pflanzung zu beheben, indem ausreichend verrotteter Kompost zuzusetzen ist. Die **Bodenbedingungen** sind also relativ leicht zu optimieren.

Anders verhält es sich mit den Standortfaktoren Klima und Lage. Das Klima wirkt unabhängig vom Einfluß des Menschen. Wichtig ist deshalb die Kenntnis der **Wärme- und Sonneneinstrahlungsansprüche** der verschiedenen Obstgehölze. Die in der Tabelle auf Seite 32 dargestellten Klimaansprüche nehmen für die einzelnen Obstarten in der Reihenfolge der Spalten zu.

Daraus resultiert, daß dem Beerenobst ein mehr absonniger Standort einzuräumen ist, Apfel und Birne für südöstlich oder südwestlich gerichtete und Aprikose, Pfirsich und Rebe für

Klimaansprüche der einzelnen Obstarten (in den Spalten von oben nach unten zunehmend)		
Wärme	Sonneneinstrahlung	Wasserbedarf
Beerenobst	Beerenobst	Aprikose, Rebe
Sauerkirsche	Sauerkirsche	Sauerkirsche
Apfel	Pflaume	Pfirsich
Pflaume	Apfel	Süßkirsche
Süßkirsche	Pfirsich	Beerenobst
Birne	Birne	Birne
Aprikose	Süßkirsche	Aktinidie
Pfirsich	Aprikose	Apfel
Rebe	Aktinidie	Pflaume
Aktinidie	Rebe	

Das in die Hausecke gepflanzte Birnenspalier genießt die positive mikroklimatische Wirkung des Standortes.

nach Süden gerichtete Standorte geeignet sind. Für Aktinidien sollten bei Hausspalieren nach Südwesten und Westen gerichtete Wände bevorzugt werden, um Sonnenbrandschäden auf den Früchten zu vermeiden.

An Hausspalieren bildet sich für die Gehölze ein günstiges Mikroklima. Die tagsüber in den Hauswänden gespeicherte Wärme wird nachts abgegeben, so daß es zu keinen starken Temperaturschwankungen kommt. Ungünstig kann sich eine zu schnelle Erwärmung des Gehölzes im Frühjahr bei auftretenden Spätfrösten auswirken. Dennoch hält sich der Schaden aufgrund der Wärmeabgabe durch die Hauswand vor allem bei Strahlungsfrösten in Grenzen.

Neben der Wirkung des Mikroklimas ist bei der Standortwahl auch dem Großklima genügend Beachtung zu schenken. Unter unseren mitteleuropäischen Witterungsverhältnissen treten oft trockene, kalte Winter auf, die besonders durch kalte Ostwinde Schäden an den Gehölzen verursachen können.

Freistehende Spaliere sind am besten in Nord-Süd-Richtung anzulegen. Dadurch wird die gesamte Tagessonneneinstrahlung ausgenutzt, wobei während der Mittagszeit die Sonne nicht direkt auf eine der beiden Spalierseiten gerichtet ist und somit an den Früchten kaum Sonnenbrandschäden auftreten.

Eine nicht untergeordnete Rolle spielen die regionalen **Niederschlagsverhältnisse**. Der Niederschlag ist für eine ausreichende Bodenfeuchte von Bedeutung und ermöglicht die Nährstoffaufnahme durch die Pflanzenwurzel. In negativer Hinsicht zeichnet der Niederschlag für die Ausbreitung von Krankheiten und Schaderregern verantwortlich und bestimmt somit auch die zu erwartende Fruchtqualität. Für fruchtfäuleempfindliche Obstarten sind deshalb nach Westen gerichtete Hausspaliere nicht zu empfehlen.

Bei zu geringen natürlichen Niederschlägen läßt sich der Wasserbedarf der Gehölze durch Zusatzbewässerung beheben. Durch Bodenbedeckung mit organischem Material kann das Austrocknen des Bodens verhindert werden.

Pflanzmaterial

Die Verwendung veredelter Gehölze sowie die Wahl entsprechender Veredlungsunterlagen ermöglicht es dem Anbauer, die Wirkung ungünstiger Bodenverhältnisse auszugleichen und das Wachstum des Gehölzes den Standortbedingungen anzupassen. Allgemein gilt: Steht nur eine kleinere Wandfläche zur Verfügung, werden ein- oder zweijährige Veredlungen (Spindelbuschbäume) auf schwachwachsenden Unterlagen, bei großflächigen Wänden Veredlungen auf stärker wüchsigen Sämlingsunterlagen verwendet. Für ein strenges Formspalier sollten dagegen schwachwüchsige Sorten auf schwachwüchsigen Unterlagen Verwendung finden.

Gleich für welche Spalierform man sich entscheidet, es wirkt sich in jedem Fall günstig aus, wenn dem zukünftigen Spaliergehölz ein Stamm mit einer Höhe von mindestens 50 cm belassen wird. Damit befinden sich später fruchttragende Äste nicht in unmittelbarer Erdbodennähe. Das bringt Vorteile bei auftretenden Frösten, und während der Vegetationszeit gelangen weniger Sporen von pilzlichen Krankheiten durch Spritzwasser bei Niederschlägen an diesen Gehölzbereich.

Beim **Apfel** sind zahlreiche Sorten-Unterlagen-Kombinationen als Okulate in den Baumschulen und Gartencentern erhältlich. Bei einjährigen Okulaten sind zukünftige Gerüstäste bzw. Kronen noch nicht oder nur gering entwickelt. Die eigentliche Erziehung wird erst am endgültigen Standort vorgenommen.

Apfelbaum als vorformiertes Containergehölz. Manche Baumschulen bieten Pflanzmaterial bereits in dieser Form an.

Darüber hinaus sind aber auch bereits vorformierte Containergehölze erhältlich. Je nach Standortbedingungen und der Größe des Spaliers sind schwach bis höchstens mittelstark wachsende Sorten-Unterlagen-Kombinationen zu verwenden.

Bei **Birne** wird vielfach ein Birnensämling als Unterlage verwendet. Diese Kombinationen sind jedoch sehr stark wachsend, was einen ausreichenden Standraum voraussetzt und den Ertragsbeginn sehr stark verzögert. Günstiger ist deshalb die Verwendung von Birnensorten auf der Unterlage 'Quitte MA' mit einer geeigneten Zwischenveredlung als Stammbildner.

Die Steinobstarten **Sauerkirsche** und **Süßkirsche** werden nur bedingt als Spaliergehölze verwendet. Die am häufigsten verbreitete Sauerkirschensorte 'Schattenmorelle' eignet sich aufgrund der starken Peitschenbildung nicht sonderlich gut. Süßkirschen haben ein sehr starkes natürliches Wachstum mit einer ausgeprägten Spitzenförderung. Daher ist die Formierung dieser beiden Obstarten recht schwierig.

Als Pflanzmaterial sind bei Sauerkirsche Okulate auf Steinweichsel (*Prunus mahaleb*) oder als Kopulationen auf Vogelkirsche (*Prunus avium*) erhältlich. Soll eine Süßkirsche als Spaliergehölz verwendet werden, eignet sich eine Okulation auf Vogelkirsche am ehesten. Durch den sorteneigenen Stamm wird das Wachstum etwas gebremst. Die dominierende Mittelachse begünstigt die Seitenastbildung mit weiten Astwinkeln.

Bei **Pfirsich** wird für leichtere Böden Pfirsichsämling, für alle anderen Böden die *Prunus-domestica*-Unterlage 'St. Julien

INRA 655/2' verwendet. Nur für sehr schwere und kalkhaltige Böden ist die Unterlage 'Brompton' (*Prunus domestica*) geeignet. Bei **Aprikose** hat die Unterlage 'St. Julien INRA 655/2' eine gute Anpassungsfähigkeit an den Standort. Bei beiden Obstarten finden ebenfalls einjährige Okulate die meiste Anwendung.

Bei **Johannisbeere** und **Stachelbeere** eigenen sich Fußstämmchen am besten für eine spalierartige Erziehung. Als Hochstamm ist das Wachstum zu gering.

Aktinidien und **Reben** können sowohl veredelt als auch wurzelecht (z.B. aus der Steckholzvermehrung) gepflanzt werden.

Pflanzung

Die Pflanzung der Gehölze muß sorgfältig geplant und durchgeführt werden, denn sie sollen über einen langen Zeitraum an ihrem Standort verbleiben. Generell sind folgende Grundsätze einzuhalten:

- Werden nur einige Gehölze, insbesondere im Garten gepflanzt, genügt die Bestimmung des pH-Wertes. Dies kann jeder selbst durch den Lackmustest oder andere pH-Wert-Indikatoren feststellen.
- Bei einer Pflanzung auf einer größeren Fläche ist eine Bodenuntersuchung auf Nährstoffgehalt (Phosphor, Kali, Kalk) und Humusgehalt vorzunehmen.
- Nach dem Ergebnis der Bodenuntersuchung ist die Grunddüngung vorzunehmen.
- Die Pflanzgrube muß in ihrer Größe dem Wurzelballen des Gehölzes angepaßt sein.
- Es ist immer auf einen guten Bodenschluß zwischen Wurzeln und Boden zu achten.
- Bei Wurzelhalsveredlungen (Okulationen) darf die Veredelungsstelle nie unter die Bodenoberfläche gelangen, da sich sonst die Edelsorte freimacht (selbst Wurzeln bildet) und so der Unterlageneffekt verloren geht.

Bei der Pflanzung selbst ist in mehreren Arbeitsschritten vorzugehen, die unabhängig von der Obstart immer gleich sind.

Arbeitsablauf bei der Pflanzung eines Obstgehölzes

1

Vor der Pflanzung ist es erforderlich, das Gehölz für rund 24 Stunden mit den Wurzeln in Wasser zu stellen.

2

Zwischen Wurzel und vorhandener Krone ist durch Rückschnitt ein Gleichgewicht herzustellen. Beim Rückschnitt von Wurzeln sind nur verletzte zu entfernen. Wurzelschnitte sind mit einem scharfen Messer auszuführen. Bei Verwendung der Schere kann es wiederum zu Quetschungen an der Wurzel kommen, da diese nur unzureichend verholzt ist.

3

Ausheben der Pflanzgrube und Auflockern der Bodensohle. Dieser wird dabei mineralischer Grunddünger zugemischt. Die notwendige Menge ist der Bodenanalyse zu entnehmen. Auf keinen Fall dürfen die Wurzeln mit dem eingebrachten Dünger in Berührung kommen, da sonst Wurzelverbrennungen auftreten und das Anwachsen des Gehölzes gestört wird bzw. das Gehölz absterben kann.

4

Der ausgehobene Boden ist mit gut verrotteter organischer Substanz zu vermischen. Der Bodenaushub ist jedoch immer mit zu verwenden, um beim späteren Hineinwachsen der Wurzeln in den Ausgangsboden keine Schocksituation des Gehölzes entstehen zu lassen.

5

In der Pflanzgrube ist der Pflanzpfahl zu setzen. Er dient dem Halt und geraden Wachstum, besonders des Stammes, in den ersten Standjahren.

6

Danach wird das Gehölz so in die Pflanzgrube gehalten, daß sich die Veredlungsstelle etwa 3 bis 5 cm über der Erdoberfläche befindet.

7

Das Auffüllen der Pflanzgrube erfolgt in Etappen. Die lockere, feinkrumige Erde wird im Wurzelbereich eingefüllt. Dabei wird das Gehölz ständig leicht vertikal hin und her bewegt, damit keine Hohlräume zwischen den Wurzeln entstehen. Ist die Pflanzgrube zu zwei Drittel verfüllt, wird der Boden leicht angetreten. Dabei ist immer auf den senkrechten Stand des Gehölzes zu achten. Zuletzt wird soweit aufgefüllt, daß noch ein Gießrand verbleibt. Beim Angießen werden die noch verbliebenen Hohlräume mit Erde ausgeschlämmt.

8

Die Baumscheibe wird mit organischem Material abgedeckt. Das verhindert ein Austrocknen des Bodens sowie Unkrautwuchs und erspart eine Zusatzbewässerung. Die Pflanzung der Obstgehölze kann sowohl im Frühjahr als auch im Herbst erfolgen. Frostunempfindliche Gehölze werden in der Regel im Herbst ab Oktober gepflanzt. Für Pfirsiche ist dagegen die Frühjahrspflanzung vorzuziehen.

Erziehung und Schnitt

Alle Erziehungsformen für ein Spalier sind darauf gerichtet, den maximalen Einfluß von Wärme und Sonnenenergie auf die Blätter des Gehölzes zu ermöglichen. Welche Erziehungsform letztendlich gewählt wird, richtet sich nach der Art des Gehölzes und nach der verfügbaren Fläche, die das Gehölz bekleiden soll.

Es gibt Grundformen für niedrige Wände und Formen für mehr hohe und senkrechte Wandspaliere. Der Nutzer muß sich also bereits vor dem Erwerb des Gehölzes darüber im klaren sein, welche Fläche er z.B. an einem Haus für das Spalier nutzen möchte und kann.

Die einfachste Erziehungsform ist der **„Senkrechte Schnurbaum“**, der auch als **„Schlanke Spindel“** bezeichnet wird. Für diese Baumform sind schwachwüchsige Obstarten prädestiniert. Für den Anbauer ergibt sich bei dieser Erziehungsform die Möglichkeit, mehrere Sorten auf engem Raum nebeneinander anbauen zu können.

Grundvoraussetzung einer schlanken Spindel ist die Dominanz einer streng erzogenen Mittelachse (Stamm und Stammverlängerung). Von dieser Mittelachse geht seitlich das Fruchtholz ab, welches in bestimmten Zeitabständen zu regenerieren ist.

An dieser Stelle sei auf die sogenannten Ballerina-Apfelbäume hingewiesen, die als Sonderform des senkrechten Schnurbaumes anzusehen sind. Diese Bäume wachsen natürlicherweise säulenartig und kompakt. Aufgrund dieses Habitus sind diese Bäume sehr gut zur Kultivierung in Containern geeignet. Über die Standzeit sind kaum Schnittmaßnahmen erforderlich.

Blühender Birnenbaum als senkrechter Schnurbaum erzogen.

Für niedrige Mauern bietet sich der **waagerechte Kordon** an. Dabei bedeutet Kordon nichts anderes als Altholzschenkel, welcher über die gesamte Standzeit des Gehölzes zu erhalten

ist. Beim waagerechten Kordon wird die Stammverlängerung nicht senkrecht, sondern im rechten Winkel vom Stamm weiter er- und gezogen.

Wände mit Fensterausschnitten sind am besten durch die **U-Form** des Gehölzes zu bekleiden. Dabei stellt die U-Form nichts anderes als eine mehrschenklige Variante des senkrechten Schnurbaumes dar, nur daß die Bildung aus einem Stamm heraus erfolgt.

Große geschlossene Wände lassen sich sehr gut durch schräg gesetzte Okulate nutzen. Die Erziehung des Gehölzes wird derart durchgeführt, daß vom Grundgerüst gesehen, ein natürlicher Scherengitterzaun entsteht.

Obstgehölze, die zum Verkahlen neigen, lassen sich weitaus besser als sogenanntes **freies Fächerspalier** erziehen. In diesem Fall wird ein weniger strenger Fruchtholzschnitt durchgeführt, und es werden mehr Binde- und Biegemaßnahmen als Schnittmaßnahmen unternommen. Diese genannten Erziehungsformen sind sowohl für ein Wandspalier als auch für ein freistehendes Spalier geeignet.

Sehr reicher Fruchtbehang an einem Ballerina-Bäumchen. Bei diesen Kompakttypen kommt es zu keiner Seitenastbildung.

Rechte Seite: Ein Birnenspalier, dessen Erziehung an der Balkonbrüstung zum Sichtschutz erweitert wurde.

Obwohl nicht als ausgesprochene Spaliererziehung anzusehen, sei an dieser Stelle auch die **Pergolen- oder** auch **Dachlaubenerziehung** genannt.

Diese vereinigt die senkrechte als auch die waagerechte Erziehungsform in sich. Ob als Laubengang oder als Sitzplatzüberdachung, zunächst wird das Gehölz senkrecht erzogen und nach Erreichen der gewünschten Höhe als Dachbekleidung in waagerechter Form weitergeführt.

Die Zielstellungen für Schnittmaßnahmen an einem Obstgehölz sind entsprechend dem Alter des Gehölzes sehr verschieden.

Junge Bäume werden geschnitten, um die Krone zu erziehen. Damit wird für eine langlebige und leistungsfähige Krone über die gesamte Standzeit des Gehölzes vorgesorgt. Mit zunehmendem Gehölzalter sind Schnittmaßnahmen darauf aus-

Eine Sauerkirsche, die als freies Fächerspalier erzogen wurde.

Dieser Laubengang im Weinberg wurde durch senkrechte und waagerechte Erziehung der Rebstöcke erreicht.

Die Palmette mit den waagerechten Ästen bildet in der Vegetationszeit eine sehr schöne Hecke.

gerichtet, daß zwischen vegetativer Leistung und Ertrag ein Gleichgewicht hergestellt wird. Es muß immer ausreichend junges Fruchtholz gebildet werden. Besonders bei Bäumen mit einer runden naturnahen Kronenerziehung, wie beispielsweise beim Apfel, verlagert sich die Ertragszone immer mehr an die Kronenperipherie. Durch ungenügende Belichtung des Kroneninnenraumes stirbt das Fruchtholz dort eher ab, so daß ein großer Kronenanteil unproduktiv wird. Unterläßt man beim Spaliergehölz den Schnitt, wandert auch hier die Ertragszone an die Peripherie.

Damit Obstgehölze auch im Alter noch ausreichend Früchte von guter Qualität bilden, sind Schnittmaßnahmen zur Verjüngung notwendig. Der Verjüngungsschnitt erfolgt unabhängig von der Erziehung zum Spalier. Er richtet sich danach, ob die jeweilige Obstart an einjährigen Trieben oder am mehrjährigen Fruchtholz trägt. Bei allen Schnittmaßnahmen muß der Anwender aber Kenntnis von Schnittwirkungsgesetzen (Abb. S. 43) und Triebförderungsgesetzen (Abb. S. 44) haben.

Die Schnittwirkungsgesetze

1. **Schnittwirkungsgesetz**
   Durch einen starken Rückschnitt der gesamten Krone wird ein kräftiger aber zahlenmäßig geringer Austrieb bewirkt.
2. **Schnittwirkungsgesetz**
   Ein schwacher Rückschnitt der gesamten Krone bewirkt einen schwachen aber zahlenmäßig großen Austrieb.
3. **Schnittwirkungsgesetz**
   Wird in einer Krone ein Teil stark und der andere Teil schwach zurückgeschnitten, so kehren sich die Wirkungen um. Der schwach geschnittene Teil treibt stärker, der stark geschnittene Teil schwächer aus. Die durch den Schnitt verursachte Asymmetrie der Krone wird verstärkt.

Die Triebförderungsgesetze

1. **Spitzenförderung**
   Bei einer senkrechten Stellung des Triebes wird besonders die Spitzenknospe (Terminalknospe) im Austrieb gefördert. Etwas geringer trifft dies auch für die zwei bis drei darunter befindlichen Knospen zu. Die Spitzenförderung bleibt auch beim Rückschnitt des Triebes erhalten.
2. **Triebspitzen- und Oberseitenförderung**
   Hat der Trieb eine schräg nach oben gerichtete Stellung, werden sowohl die Spitzenknospen als auch die auf der Trieb-

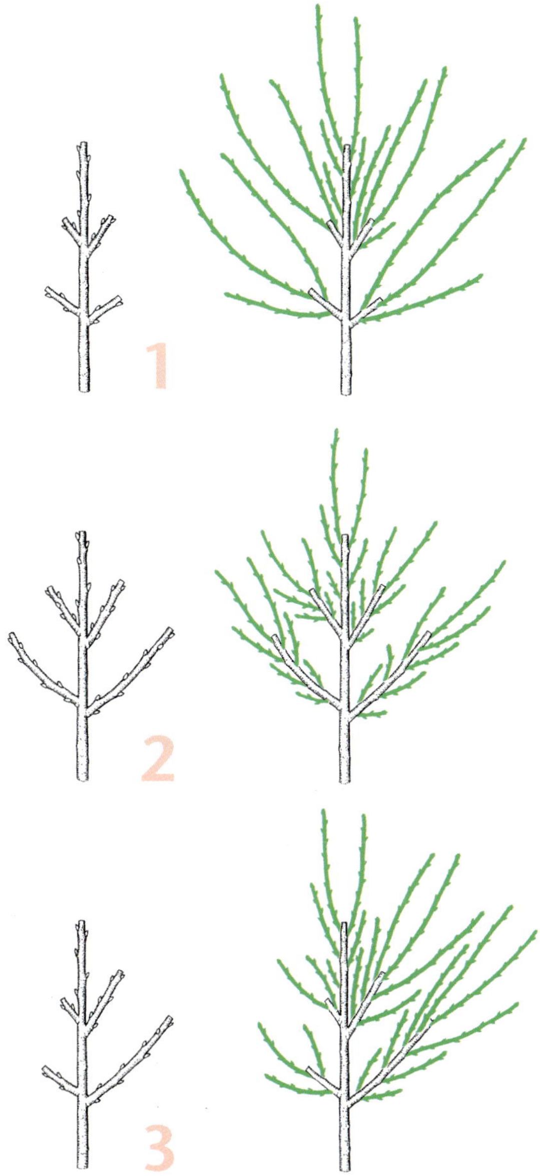

Schnittwirkungsgesetze.

oberseite befindlichen Knospen im Austrieb gefördert. Die Stärke des Austriebes aus den Spitzenknospen ist gegenüber der Spitzenförderung vermindert.

3. Oberseitenförderung
Bei waagerechter Stellung der Triebe werden die auf der Trieboberseite befindlichen Knospen gefördert. Die Austriebe sind von der Basis des Triebes bis zur Spitze relativ gleich stark.

4. Scheitelpunktförderung
Bei bogenförmig gebundenen Trieben, bei denen sich Basis und Spitze des Triebes in einer Ebene befinden, werden die Knospen auf den höchsten Punkt, besonders im Austrieb, gefördert. Basis und Spitzenknospen bleiben in ihrer Entwicklung zurück.

5. Basisförderung
Stark nach unten gebogene Triebe erfahren den kräftigsten Austrieb an ihrer Basis. Natürlicherweise ist dieser Effekt bei reichem Fruchtbehang zu beobachten.

Bei der Erziehung von Spalierobst werden Fruchtäste gebogen und gebunden. Auch in diesem Fall ist die Kenntnis der Wirkung auf die Triebbildung notwendig, um ständig ausreichend kräftige Fruchtäste an der richtigen Stelle zu halten.

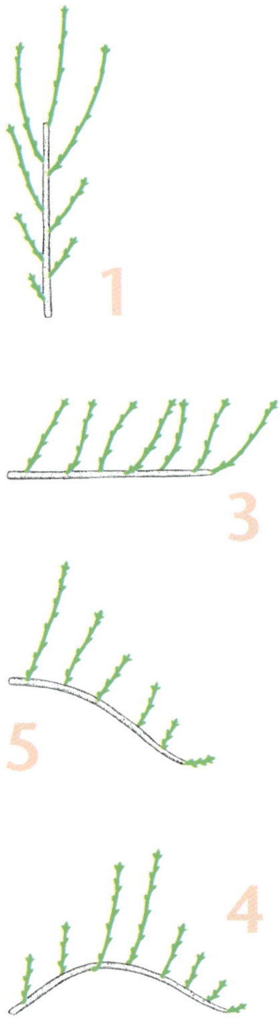

Oben: Triebförderungsgesetze.

Rechts: Die Fruchtäste dieses Birnenspaliers wurden an einem Geländer angebunden.

Bei notwendigen Schnittmaßnahmen ist jedoch zu beachten, daß die Wirkung auf den Austrieb stark von der Jahreszeit abhängig ist. Ein im Winter oder im zeitigen Frühjahr geschnittenes Gehölz wird vergleichsweise kräftiger austreiben, als ein im Sommer geschnittenes Gehölz. Auf diese Weise kann das Triebwachstum gut reguliert werden.

Winterschnitt

Die Obstgehölze reagieren sehr unterschiedlich auf den Schnitt während der vegetationslosen Zeit, dies gilt insbesondere für die Verträglichkeit tieferer Temperaturen nach dem Schnitt.

Diese Abhängigkeit basiert vor allem auf dem differenzierten natürlichen Vermögen, Schnittwunden zu verheilen. So vertragen Kern- und Beerenobst den Schnitt während dieser Jahreszeit weitaus besser als Steinobst. Aus diesem Grund werden in der vegetationslosen Zeit vornehmlich Verjüngungsschnittmaßnahmen ausgeführt, denn zu dieser Zeit hat man die beste Übersicht über die gesamte Krone, so daß die geringsten Schnittfehler unterlaufen können.

Sommerschnitt

Bei Spalierobstbäumen nach klassischem Vorbild ist der Sommerschnitt unerläßlich, um das Wachstum zu begrenzen und die Blütenknospenbildung zu fördern.

Der Grundgedanke der Notwendigkeit des Sommerschnittes und der sommerlichen Laubarbeiten liegt darin, daß während der Vegetationszeit durch das Gehölz weitaus mehr Triebe erzeugt werden, als zur Fruchtbildung und weiteren Kronengestaltung überhaupt notwendig sind. Diese Triebe müßten während der Schnittperiode im Winter entfernt werden.

Da der Winterschnitt jedoch unter Umständen, wie bereits dargestellt, problematisch sein kann, werden die Triebe, die ohnehin nicht benötigt werden, bereits im krautigen, d.h. noch nicht verholzten Zustand, entfernt. Das geschieht durch Herausdrehen oder -reißen. Die so entstandenen Wunden verheilen sehr schnell, da während der Vegetationszeit die Wundkallusbildung am größten ist.

Die verbliebenen Sommertriebe werden in ihrer Länge eingekürzt. Die gebildeten Assimilate stehen in diesem Fall für die

Blütenknospendifferenzierung zur Verfügung. In stark wüchsigen Trieben würden dagegen die Assimilate in Richtung der Triebspitzen wandern und das Triebwachstum fördern.

Allgemein können deshalb für den jährlichen Sommerschnitt einigeVorteile festgestellt werden:

Vorteile des Sommerschnittes von Obstgehölzen
1. Verbesserung der Belichtungsverhältnisse in der Krone und damit Verbesserung der Blütenknospenbildung für das kommende Jahr. 2. In Abhängigkeit vom Schnitt- bzw. Behandlungszeitraum kann eine beträchtliche Wachstumsminderung bewirkt werden. Dieser Effekt hat sich besonders bei stark wüchsigen Obstgehölzen, wie z.B. Süßkirsche, als außerordentlich positiv erwiesen. 3. Die gesamte Fruchtentwicklung wird qualitativ positiv beeinflußt in Hinsicht auf Ausfärbung der Früchte, verminderten Krankheitsbefall sowie in die Frucht eingelagerte Inhaltsstoffe. 4. Die gesamte Kronengestaltung bleibt übersichtlich und erfordert zum Winterschnitt einen verringerten Aufwand.

Zeitpunkt des Sommerschnittes

Der Zeitpunkt des Sommerschnittes ist für das zu erwartende Ergebnis von besonderer Bedeutung. Ein zu frühzeitiges Entspitzen von Sommertrieben bewirkt ein erneutes Austreiben der obersten Knospe, wobei das Längenwachstum bereits etwas eingeschränkt ist. Erneutes Stutzen des Austriebes trägt zur Bildung von Blütenknospen im basalen Bereich des Triebes bei.

Mit dem Fortschreiten der Vegetationszeit werden das Triebwachstum und die Bildung von Blütenknospen beeinflußt.

Wichtig für die Sommerbehandlung der Triebe ist die Zeit der Blütenknospendifferenzierung (Tab. S. 47).

Um das Umfunktionieren von Blatt- und Holzknospen in Blütenknospen zu gewährleisten, darf der Zeitpunkt der Behandlung vor dem Zeitraum der Blütenknospendifferenzierung nicht versäumt werden. Der Effekt der Wuchsbremse durch den Sommerschnitt beruht auf der Tatsache, daß das Triebwachstum eher einsetzt als das Wurzelwachstum. Durch den Sommerschnitt wird also die für das Wurzelwachstum wichtige Assimilationsfläche entfernt. Bei mehrjähriger Anwendung

Eine klar gegliederte Verrier-Palmette mit ausreichendem Blütenansatz durch regelmäßigen Sommerschnitt.

Kronengestaltung der Palmette spart fast den Sommerschnitt.

Zeitraum der Blütenknospendifferenzierung bei den einzelnen Obstarten

Obstart	Zeitraum der Blütenknospendifferenzierung		
Rebe	Mitte Juni	bis	Mitte Juli
Rote und Weiße Johannisbeere	letzte Junidekade	bis	Mitte Juli
Süßkirsche	Ende Juni	bis	zweite Julidekade
Sauerkirsche	Ende Juni	bis	Ende Juli
Birne	Anfang Juli	bis	Anfang August
Aprikose	erste Julidekade	bis	Ende Juli
Pflaume	erste Julidekade	bis	erste Augustdekade
Apfel	erste Julidekade	bis	zweite Augustdekade

Durch jährlichen Sommerschnitt wird die Triebkraft reduziert, und der vorgegebene Standraum wird nicht überschritten.

kommt es dadurch zu einem verminderten Wurzelwachstum. Im Ergebnis kann die Triebkraft des Gehölzes erheblich eingeschränkt werden.

Der Sommerschnitt darf jedoch nicht nur als Maßnahme des Entfernens oder Einkürzens von Trieben verstanden werden, er dient gleichzeitig auch zur Steigerung der Fruchtbarkeit und Wuchsminderung und sollte in dieser Funktion mit weiteren Hilfsmaßnahmen im Einklang stehen.

Zu diesen Hilfsmaßnahmen sind zu rechnen:
- das Herunterbinden der Triebe und
- das Ringeln, welches zum Assimilatestau oberhalb des Ringes führt und die Blüten- und Fruchtbildung fördert.

Bodenpflege, Düngung und Bewässerung

Gestaltung eines Spalieres, welches gleichzeitig als Sichtschutz für den Balkon dient.

Aufgabe der **Bodenpflege** ist es, die Bodenfruchtbarkeit zu erhalten, denn das Gehölz muß über einen langen Zeitraum an seinem Standort verbleiben.

Eine gute Bodenpflege ist der bestimmende Faktor für eine optimale Bodendurchlüftung sowie eine ausreichende Wasser- und Nährstoffversorgung. Damit beeinflußt die Bodenpflege nicht nur in entscheidendem Maße die Lebenserwartung des Gehölzes, sondern sie ist auch ertragsbestimmend.

Dem Spalierobst steht meist ein wesentlich geringerer Bodenraum zum Gedeihen zur Verfügung als das bei Obstgehölzen im Feldbestand der Fall ist. Besonders bei Hausspalieren ist die Größe der Baumscheibe häufig viel geringer als die Ausdehnung der Wurzeln.

Zusätzlich schränken befestigte Flächen (Wege, Hofplätze u.ä.) die Möglichkeit der Aufnahme von Wasser ein. Nährstoffe, die über die Düngung zugeführt werden, können dann nur ungenügend an den Wurzelbereich gelangen. Aus diesen Gründen sind die Bedingungen der Wasser- und Nährstoffaufnahme und der Bildung von nützlichen Bodenorganismen besonders optimal zu gestalten.

Eine positive Wirkung in diesem Sinne hat das Abdecken der Baumscheibe mit organischem Material in Form von Stroh, Rindenkompost oder noch nicht ganz verrottetem Kompost. Durch diese Maßnahmen erreicht man eine Schattengare des Bodens, die Verdunstung von Bodenwasser wird verhindert, und es können sich reichlich Bodenlebewesen ansiedeln.

Bei freistehenden Spalieren ist der Boden in ausreichender Breite vom Unkrautbewuchs freizuhalten. Das kann einerseits durch mechanische Unkrautbeseitigung oder andererseits durch Bodenbedeckung gewährleistet werden.

Der Nachschub von lebensnotwendigen Nährstoffen für die Pflanze, wie Stickstoff, Kalium und Phosphor, muß durch die **Düngung** garantiert werden.

Wirkung der lebensnotwendigen Nährstoffe in der Pflanze

- Stickstoff gilt als Motor der Pflanze und zeichnet für das Wachstum verantwortlich.
- Kalium beeinflußt die Frostwiderstandsfähigkeit und die Holzreife im Herbst.
- Phosphor ist für eine ausreichende Blütenstimulierung verantwortlich.
- Magnesium ist ein wichtiger Baustein des Chlorophylls und steigert die Widerstandskraft gegen Krankheiten.
- Bor ist für die Befruchtung und Gewebedifferenzierung von Bedeutung.

Die Mikronährstoffe, wie z.B. Mangan oder Zink, beeinflussen den Enzymhaushalt und -stoffwechsel.

Diese Nährstoffe können von der Pflanze sowohl über die Wurzel als auch über das Blatt aufgenommen werden. Da dem Spalierobst jedoch häufig nur sehr wenig Bodenraum zur Nährstoffaufnahme zur Verfügung steht, sollten bei der Düngung einige spezielle Hinweise beachtet werden.

Spalierpflanzungen mit nur ungenügend freiem Boden über dem Wurzelbereich werden am besten über vorbereitete Bodenlöcher, die auch zur Bewässerung dienen können, mit flüssigem Dünger versorgt. Die Düngerlösung gelangt auf diese Weise sehr schnell in den Wurzelbereich. Besonders bei langanhaltender Trockenheit oder akutem Nährstoffmangel hat sich die Blattdüngung bewährt, denn die Nährstoffe werden über die Blätter sehr schnell aufgenommen.

Unter der Palmette wurde der Boden frei von Beikräutern gehalten.

Rechte Seite: Das als Laube gezogene Birnenspalier befindet sich völlig in der Regentraufe des Daches. Hier muß bewässert werden.

■ *Rechte Seite: Ein Birnenspalier mit reichem Fruchtbehang.*

Die humusfördernde und nährstoffliefernde organische Düngung wird nur dann wirksam, wenn die organischen Dünger in den Boden eingearbeitet werden. Nur dann werden durch den Mineralisationsprozeß Nährstoffe aus den organischen Düngern pflanzenverfügbar.

Eine wichtige Rolle für das Lösen der Nährstoffe im Boden und damit die Möglichkeit der Aufnahme in die Pflanze spielt die Bodenfeuchtigkeit. Besonders bei Hausspalieren und Pergolen befindet sich jedoch der Wurzelbereich der Gehölze im Bereich der Regentraufe des Hausdaches oder im Regenschattenbereich der Pflanze selbst. Deshalb ist eine **Zusatzbewässerung** in Trockenperioden unerläßlich. Die Bedeutung dieser Maßnahme ist noch zu unterstreichen, da die Sonneneinstrahlung an einer Hauswand besonders intensiv ist und eine verstärkte Wasserverdunstung der Pflanze über die Blätter stattfindet.

Normales Gießen auf den unbedeckten Boden würde sehr schnell zum Abfließen des Wassers führen. Damit gelangt das Wasser niemals bis an den Wurzelbereich. Außerdem verschlämmt der Boden bei dieser Maßnahme.

Ernte und Verwertung

Die Ernte von Spalierobst unterscheidet sich nicht von der in Obstanlagen oder bei frei stehenden Bäumen.

Eine große Rolle für die Bestimmung des Erntezeitpunktes spielen Verwertungseigenschaften der Obstsorten. Der Erntezeitpunkt richtet sich danach, ob die Früchte:

- zum Frischverzehr,
- zur Verwertung (Sterilkonserve, Saftbereitung o.ä.) oder
- zur Lagerung

geeignet sind.

Apfel und Birne

Kernobst ist zum Frischverzehr sowie zur Verarbeitung und Lagerung geeignet. Grundsätzlich gilt aber, daß frühreifende Sorten mehr zum Frischverzehr und nur bedingt für eine kurzzeitige Lagerung geeignet sind. Spätreifende Sorten eignen sich bestens für die Konservierung und für die Langzeitlagerung.

Von besonderer Bedeutung für die spätere Verwendung ist bei Kernobst die Unterscheidung der Reifestadien.

Tips zur Feststellung des Reifegrades

Baumreife: Die Grundfarbe der Frucht schlägt um.
Pflückreife: Beim Anheben und leichtem Drehen der Frucht am Fruchtholz löst sich der Stiel von diesem. Es ist jedoch zu beachten, daß dieses Merkmal nicht bei allen Sorten, wie z.B. der Apfelsorte 'Golden Delicious', ausgeprägt ist.

Süß- und Sauerkirschen

Bei diesen Obstarten ist der Erntezeitpunkt gekommen, wenn die sortentypische Fruchtausfärbung erreicht ist. Zu diesem Zeitpunkt löst sich die Frucht vom Fruchtholz (Süßkirsche) oder aber vom Fruchtstiel (Sauerkirsche). Allerdings lösen sich nicht alle Süßkirschensorten gleich gut vom Fruchtholz. Bei der Ernte ist darauf zu achten, daß das Fruchtholz möglichst nicht verletzt oder gar von den Fruchtästen abgerissen wird, da dies einen Ernteverlust für das Folgejahr bedeuten würde. Als Nachweis für die Frische der Frucht werden Süßkirschen mit Stiel geerntet. Sauerkirschen, die zur Verarbeitung vorgesehen sind, werden ohne Stiel geerntet, wenn die Zeitspanne zwischen Ernte und Verarbeitung gering gehalten wird.

Tips zur Lagerung von Obst

Grundsätzlich gilt für alle Obstarten:

- nur gesundes, ausgereiftes Obst ist zur Lagerung geeignet,
- Beschädigungen, Verletzungen und Druckstellen an den Früchten sind zu vermeiden,
- es muß zwischen Obst, welches
  – zum sofortigen Verbrauch
  – zur Kurzzeitlagerung oder
  – zur Langzeitlagerung bestimmt ist,
  unterschieden werden

Pfirsich und Aprikose

Beide Obstarten haben, ebenso wie Süß- und Sauerkirschen, eine empfindliche Fruchtschale. Bei Vollreife ist auch das Fruchtfleisch äußerst druckempfindlich. Die Pflückreife beim Pfirsich ist erreicht, wenn das Fruchtfleisch bei **leichtem Fingerdruck** nachgibt und sich die Frucht durch leichtes Anheben vom Fruchtstiel löst. Unreife Früchte lassen sich nur mit dem Fruchtstiel lösen, was häufig zum Einreißen der Rinde des Fruchtastes führt.

Aprikosen haben ihren Erntezeitpunkt erreicht, wenn die Früchte sortentypisch gut ausgefärbt sind. Der Fruchtstiel verbleibt dann ebenfalls am Fruchtholz.

Stachelbeere und Johannisbeere

Entscheidend für den Erntezeitpunkt ist die Verarbeitungsrichtung. Stachelbeeren zum Frischverzehr sind erntereif, wenn die sortentypische Ausfärbung erreicht ist. Zur Konservierung und zur Saftbereitung vorgesehene Stachelbeeren werden im hartreifen Zustand geerntet. Das Fruchtfleisch ist dann noch nicht weich und die Schalenausfärbung entspricht noch nicht dem Vollreifestadium.

Bei Johannisbeeren muß die folgernde Reife der Beeren an der Traube beachtet werden. Während die an der Basis der Traube befindlichen Beeren häufig bereits überreif sind, haben die Beeren am Ende der Traube dieses Reifestadium noch nicht erreicht.

Aktinidie

Kleinfrüchtige Aktinidien der Arten *Actinidia arguta* und *A. kolomikta* reifen von September bis Oktober. Die Früchte werden so abgeschnitten, daß kein Stielansatz an der Frucht verbleibt. Genußreif sind die Früchte erst, wenn sie bei leichtem Fingerdruck nachgeben. Durch ihre glatte Fruchtschale sind die Früchte gut zur Konservierung geeignet.

Früchte der Sorten von *A. chinensis* (Kiwi) reifen unter unseren klimatischen Bedingungen erst von Oktober bis November.

Kiwifrüchte in Neuseeland. Sie werden häufig in solcher Pergolenerziehung angebaut.

Glattschalige Früchte von *Aktinidia arguta.*

Rebsorte 'Weißer Gutedel'.

Frühfröste können allerdings bereits Schäden an den Früchten verursachen.

Aktinidien sind sehr gut lagerfähig. Im Normallager halten die Früchte bis zu acht Wochen. Bei Kühllagerbedingungen von 0 °C und einer Luftfeuchte von 90 bis 95 % beträgt die mögliche Lagerdauer sogar bis zu acht Monate.

Rebe

Weintrauben werden überwiegend für den Frischverzehr (Tafeltrauben) oder zur Most- und Weinbereitung (Keltertrauben) verwendet.

Rot- und blaufrüchtige Sorten sind genußreif, wenn sie ihre sortentypische Ausfärbung voll erreicht haben. Hellfrüchtige Sorten hellen in der Beerenschale auf, so daß zum Teil das Beereninnere durchscheint. Vollreife Beeren färben sich sonnenwärts gerichtet bis ins Bernsteinfarbene.

Zur Ernte werden die Weintrauben vom Fruchtholz abgeschnitten.

Sortenbedingt sind die Beeren unterschiedlich fest, was einen Einfluß auf die Transport- und Lagerfähigkeit hat. Für eine mehrwöchige Lagerung unter Kühllagerbedingungen ist die häufig angebaute Sorte ‘Gutedel’ besonders zu empfehlen.

Seite 58/59: Ein mehrere Jahrzehnte altes Apfelspalier in Vollblüte.

Spezielle Anforderungen für Kernobst

Apfel, Birne und Quitte sind Gattungen der Unterfamilie Kernobstgewächse und gehören zur Familie der Rosengewächse (Rosaceae).

Für die Spaliererziehung sind Apfel und Birne geeignet. Die wärmeliebende Birne dankt es mit besonders zartem, schmelzendem Fruchtfleisch. Die Quitte hat für die Spaliererziehung keine Bedeutung.

Da die Kernobstsorten selbstunfruchtbar (selbststeril) sind, benötigen sie eine geeignete Befruchtersorte.

In grundlegenden Fragen der Baumerziehung gibt es zwischen Apfel und Birne keine wesentlichen Unterschiede, deshalb können sie im folgenden gemeinsam dargestellt werden.

Rechte Seite: Birnenpalmette im Herbstkleid. Es sind keine Triebe außerhalb der Form stehengelassen worden.

Erziehung und Schnitt bei Birne und Apfel

Der Schnitt und das Formieren von Spalierobst sind verhältnismäßig einfach, weil die Krone sich im wesentlichen nur auf einer Ebene ausdehnt. Zweckmäßigerweise stellt man sich die Form am Spalier mit Latten her. Die Triebe werden in den folgenden Jahren so gezogen und angebunden, wie es die Latten (oder der Kreidestrich) vorgeben. Alle Triebe, die aus der vorgegebenen Form herauswachsen, werden, etwas vereinfacht gesagt, zurückgeschnitten.

Beim **senkrechten Schnurbaum** wird ein Baumabstand von 50 cm gewählt. Am besten geeignet sind einjährige Bäume mit fünf bis sechs kurzen Seitentrieben, an deren Ende sich jeweils eine Blütenknospe befindet.

Einjähriger Baum mit günstiger Verzweigung.

An diesen Bäumen wachsen bereits nach der ersten Wachstumsperiode einzelne Früchte. Durch den frühzeitig einsetzenden Fruchtbehang wird das Wachstum gebremst und die Bildung zu langer Seitentriebe weitgehend vermieden. Es ist wichtig, daß bei diesen Bäumen schwachwachsende Unterlagen verwendet werden. Diese Bäume werden nach der Pflanzung nicht geschnitten, bestenfalls entfernt man den Konkurrenztrieb.

Stehen solche verzweigten Bäume nicht zur Verfügung, benutzt man einjährige Bäume ohne Seitentriebe (Abb. S. 62). Diese werden 60 cm über dem Boden auf eine gut ausgebildete Knospe zurückgeschnitten. Zweckmäßigerweise sucht man sich eine Knospe aus, die nach vorn, von der Wand weggerichtet ist.

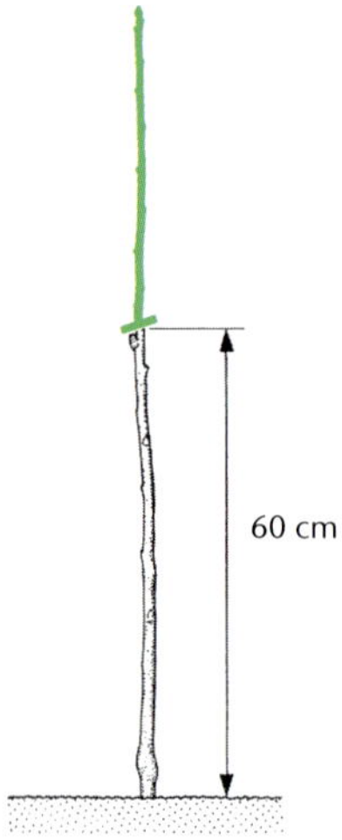

■ *Einjähriger Baum ohne Seitentriebe nach dem Rückschnitt.*

In der folgenden Wachstumsperiode treibt die obere Knospe am stärksten aus. Der Austrieb der darunterliegenden Knospen ist mehr oder weniger schwächer.

Sollte der Austrieb der oberen Knospe nicht ausreichend stark wachsen und ein etwas tieferstehender Trieb sich auffallend besser aufwickeln, dann wird auf diesen tieferstehenden Trieb zurückgeschnitten. Er bildet zukünftig die Stammverlängerung. Diesen Trieb läßt man ohne Behandlung wachsen. Er wird nur an den Stab oder das Spalier geheftet.

An der Stammverlängerung entwickeln sich die Seitentriebe. Bei einem Baumabstand von 50 cm dürfen die Seitentriebe nicht länger als 20 bis 25 cm werden. Der Entwicklung dieser Seitenäste muß schon während des Sommers große Aufmerksamkeit geschenkt werden.

Folgende Seitentriebe werden im krautigen Zustand mit der Hand ausgebrochen:

- Triebe, die zu dicht stehen (der Abstand der Seitentriebe sollte nach jeder Seite 10 bis 15 cm betragen);
- Triebe, die zur Wand gerichtet sind;
- unmittelbar unter dem Verlängerungstrieb befindliche, stark wachsende Konkurrenztriebe (ein bis zwei Stück).

Bei der zukünftigen Baumbehandlung ist wesentlich, daß der Verlängerungstrieb immer deutlich dominiert. Unmittelbar unter ihm befindliche, starkwachsende Triebe müssen entfernt werden, weil sie in jedem Fall der Ausgangspunkt für ein üppiges Wachstum wären und mit dem Verlängerungstrieb in Konkurrenz treten würden. Die überflüssigen Triebe sind möglichst zeitig mit den Fingern wegzubrechen. Bei einem guten Austrieb liegt dieser Termin etwa Mitte Mai. Bei schwachem Austrieb werden die Triebe erst im August entfernt, weil sie in diesem Fall für die Ernährung des Baumes benötigt werden. Die verbleibenden Seitentriebe müssen in ihrer Entwicklung gut beobachtet werden.

Sie sollten eine gleichmäßige, möglichst schwache Entwicklung zeigen. Solange die Triebe eine Länge von 35 cm nicht überschreiten, bleiben sie unbehandelt. Bilden die Triebe frühzeitig an ihrer Spitze eine Endknospe und beenden damit ihr Wachstum, ist überhaupt kein Eingriff notwendig.

Seitentriebe, die sich zu kräftig entwickeln, werden nach dem siebenten bis achten Blatt entspitzt (Abb. S. 63). Früher wurde oft ein Entspitzen nach dem vierten Blatt empfohlen. Dieser starke Eingriff führt aber zu einem kräftigen Austrieb der verbleibenden Knospen und kaum zu einer Wachstumsberuhigung. Entspitzt man den Trieb erst nach dem siebenten bis achten Blatt, so ist der Schnitteingriff schwächer und der zu erwartende Austrieb auch schwächer. Der erneute Austrieb wird nach vier Blättern entspitzt. Damit wird das Wachstum geschwächt. Im Frühjahr wird dieser Seitentrieb in der Nähe der Stelle des ersten Entspitzens zurückgeschnitten. Eventuelle Seitenverzweigungen schneidet man ebenfalls weg. Entspitzt man die Seitentriebe schon nach dem vierten Blatt, so besteht die große Gefahr, daß alle vier verbleibenden Knospen durchtreiben und damit für die Blütenknospenbildung verlorengehen. Beim Entspitzen nach dem siebenten bis achten Blatt bilden sich in der Regel zwei neue Triebe.

Links: Entspitzen eines Triebes.

Rechts: Rückschnitt nach dem Entspitzen eines Triebes.

Ein weiteres Mittel zur Regulation der Wuchsstärke der Seitentriebe ist das Anheften dieser Triebe in einer bestimmten Lage. Dabei werden die kräftigen Triebe in waagerechter Richtung angeheftet; schwächere Triebe werden zur Förderung des Wachstums in senkrechter Richtung gebunden und erst nach ausreichendem Wachstum waagerecht gestellt. Durch die waagerechte Stellung wird die Bildung von Blütenknospen und damit die Fruchtbildung gefördert. Damit wird ihrem Wachstum Einhalt geboten. In dieser Zeit haben die übrigen Triebe Gelegenheit, den Vorsprung einzuholen.

Nach dem „Ersten Laub" hat man eine senkrecht nach oben wachsende Stammverlängerung mit gleichmäßigen Seitentrieben erhalten. Der Rückschnitt dieser Stammverlängerung wird im Frühjahr (vor der Blüte) nach dem „Ersten Laub" durchgeführt. Dabei wird der Neutrieb der Stammverlängerung bis auf 40 cm auf eine Blütenknospe zurückgeschnitten. In den Folgejahren wird der Neutrieb der Stammverlängerung ebenfalls im Frühjahr bei kräftiger Entwicklung etwa auf 40 cm zurückgeschnitten.

Sehr starkwachsende Seitentriebe müssen besonders im oberen Baumbereich entfernt werden. In den folgenden Jahren ist immer darauf zu achten, daß

Für die Stärke des Rückschnitts der Stammverlängerung gilt folgender Grundsatz:

- Je besser und gleichmäßiger die Seitentriebe am Baum entwickelt sind, umso länger wird die Stammverlängerung angeschnitten.

Für die Behandlung der Seitenäste gilt:

- Bei einer kräftigen Stammverlängerung hält man die Seitentriebe etwas länger;
- bei einer schwachen Stammverlängerung dagegen kürzer.

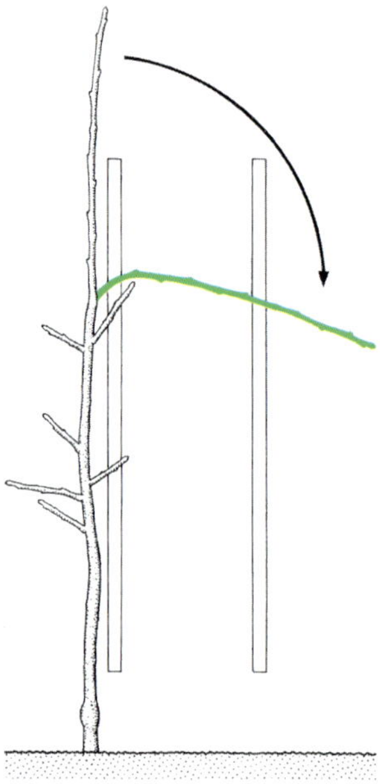

Waagerechtbiegen eines Triebes.

Rechte Seite: Harmonie zwischen Birnenspalier und Balkonbepflanzung. Deutlich ist die sich nach oben verjüngende Baumkrone erkennbar.

die Baumkrone in ihrer Form stets nach oben etwas konisch zuläuft. Hohe und regelmäßige Erträge bremsen das Wachstum ganz entscheidend.

Die **U-Form** bildet den Übergang vom senkrechten Schnurbaum zu den komplizierteren Baumformen. Sie soll an dieser Stelle besonders empfohlen werden, nicht nur weil sie sehr ansprechend und dekorativ ist, sondern weil sie auch einfach und praktisch in ihrer Handhabung ist.

Gegenüber dem Schnurbaum hat die U-Form den Vorteil, daß sich die Wuchskraft des Baumes auf zwei Stammverlängerungen verteilt. Der Trieb ist dadurch schwächer als beim Schnurbaum mit nur einer Stammverlängerung.

In der Praxis wird am Spalier mit zusätzlichen Latten die Form des doppelten U vorgezeichnet. Den Baum pflanzt man genau an die Stelle, wo die entsprechende Latte für den Stamm angebracht ist. An der Stelle, wo diese Latte endet und nach links und rechts neue Latten abgehen, muß sich der Baum verzweigen.

Werden mehrere Bäume nebeneinander gepflanzt, wird ein Abstand von 70 cm von Baum zu Baum gewählt. Als Pflanzgut verwendet man einjährige Veredlungen, die etwa 30 cm über dem Boden zurückgeschnitten werden. Unterhalb der Schnittstelle sollten zwei Augen vorhanden sein, von denen das eine nach rechts und das andere nach links zeigt. Damit wächst der Neutrieb parallel zum Gerüst in die gewünschten Richtungen. Der Baum muß beim Pflanzen so gedreht werden, daß die Augen parallel zum Spalier zeigen. In der folgenden Wachstumsperiode gilt dem Neutrieb aus diesen beiden Augen die besondere Aufmerksamkeit. Diese beiden Triebe läßt man vorerst schräg nach oben wachsen und heftet sie nur leicht am Spalier fest. Falls sich noch weitere Triebe bilden, werden diese im krautigen Zustand ausgebrochen.

Mitte August biegt man die beiden Triebe in die Form des vorgezeichneten U und bindet sie an die zusätzlich angebrachten Latten. Zunächst heftet man den Trieb waagerecht bis kurz vor der Biegestelle. Danach faßt man das Ende des Triebes und biegt dieses bei gleichzeitiger sanfter Drehung des Triebes senkrecht. Beim Biegen sollte der Trieb immer etwas gedreht werden. Dadurch läßt er sich sehr schön in die gewünschte Richtung bringen. In

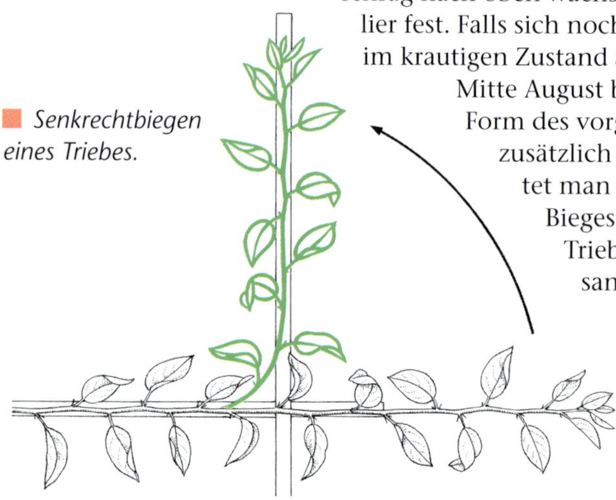

Senkrechtbiegen eines Triebes.

gleicher Weise wird ein senkrechter Trieb in eine waagerechte Lage gebogen (Abb. S. 64). Im Ergebnis erhält man an einem Baum mit zwei senkrechten Schnurbäumen im Abstand von 40 cm die U-Form. Es ist wichtig, daß sich beide Schnurbäume in gleicher Stärke entwickeln.

Die **Verrier-Palmette** gehört zu den größeren Baumformen. Am zweckmäßigsten ist es, diese Form mit vier bis sechs Armen zu erziehen. Zu Beginn geht man in gleicher Weise vor wie bei der U-Form. Am Spalier wird die Form der Verrier-Palmette mit Latten vorgezeichnet. Der Abstand zwischen den senkrechten Armen (senkrechte Schnurbäume) sollte 30 bis 40 cm betragen. Dementsprechend werden die Latten für die „senkrechten Schnurbäume", aus denen sich die Verrier-Palmette zusammensetzt, angebracht.

Als Pflanzgut verwendet man eine einjährige Veredlung auf einer mittelstark wachsenden Unterlage. Diese wird auf 30 cm Höhe zurückgeschnitten. Dem Austrieb von drei unter der Schnittstelle befindlichen Knospen ist besondere Aufmerksamkeit zu schenken. Aus der obersten Knospe entwickelt sich der Mitteltrieb, aus den beiden darunterliegenden Knospen bilden sich die zwei Seitentriebe, die zukünftigen zwei äußeren Arme. Alle übrigen Austriebe sind frühzeitig zu entfernen.

Diese beiden Seitentriebe werden schräg nach oben an das Spalier geheftet. Oftmals wird die für das untere Gerüstastpaar benötigte Länge von etwa 120 cm nicht in einem Jahr erreicht. So ist es häufig erst im zweiten Jahr möglich, die unteren Seitentriebe im August im Abstand von jeweils 90 cm vom Stamm senkrecht zu biegen. In diesem Fall werden die unteren Seitenäste im Winter nach dem ersten Jahr um ein Drittel ihrer Länge zurückgeschnitten. Damit wird der notwendige kräftige Neuaustrieb im Folgejahr erreicht. Die Stammverlängerung wird im Winter auf 40 cm über den Seitentrieben zurückgeschnitten. Das zweite Gerüstastpaar wird erst erzogen, wenn sich das unterste Gerüstastpaar gut entwickelt hat. Solange wird auch die Mitte auf 40 cm zurückgeschnitten. Nun beginnt die Erziehung des zweiten Gerüstastpaares. Die Stammverlängerung wurde im Winter, wie beschrieben, auf 40 cm zurückgeschnitten. Unterhalb dieser Schnittstelle werden drei gut entwickelte Knospen benötigt. Aus der obersten bildet sich erneut die Stammverlängerung, aus den darunterliegenden zwei Knospen entwickelt sich das zweite Paar Seitenäste. Die Seitenäste werden ebenfalls schräg geheftet. In der Regel haben sie im August die notwendige Länge erreicht. Sie werden waa-

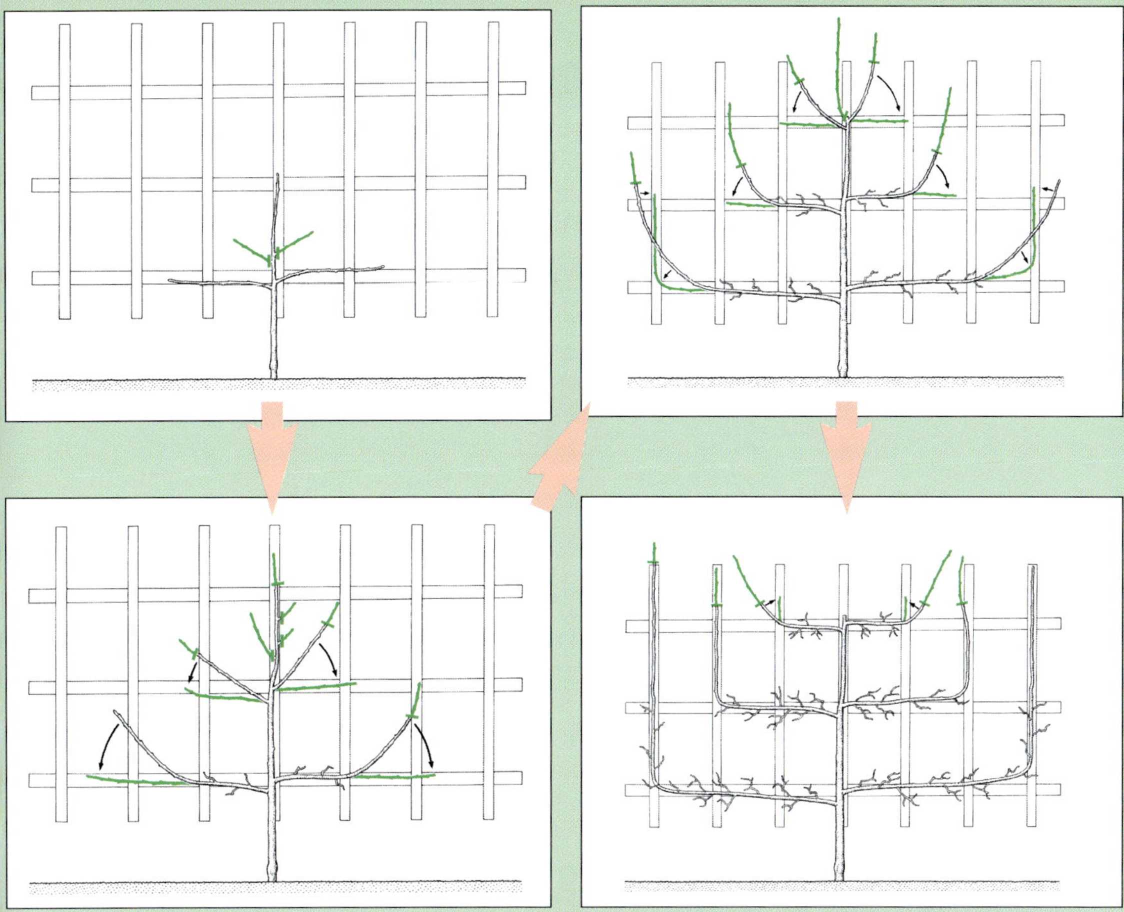

■ *Erziehung einer Verrier-Palmette.*

gerecht und im Abstand von 60 cm vom Stamm senkrecht gebunden. Bei der Erziehung einer vierarmigen Verrier-Palmette würde man diesen Abstand bereits beim untersten Gerüstastpaar wählen.

Ist die Ausbildung des zweiten Gerüstastpaares erfolgt, schneidet man den Mitteltrieb im Winter erneut auf 40 cm zurück. Die Erziehung des dritten Gerüstastpaares erfolgt nun aus den beiden obersten Knospen. Alle übrigen Seitentriebe an der Stammverlängerung werden entfernt. Das dritte Gerüstastpaar wird ebenfalls schräg angeheftet und im August waagerecht und jeweils im Abstand von 30 cm von der Stammverlängerung senkrecht gebunden. Somit ist die Grundform einer sechsarmigen Verrier-Palmette vorgezeichnet.

Jetzt ist es wichtig, das richtige Gleichgewicht zwischen den einzelnen „Armen" zu halten. Das Wachstum der mittleren

Arme ist stärker als das der äußeren Arme. Bei der Erziehung ist darauf zu achten, daß die äußeren Arme am längsten sind und sich demzufolge am kräftigsten entwickeln. Die Länge der Arme muß zur Mitte kürzer werden. Damit erreicht man ein ausgewogenes Wachstum des Baumes. Beim Schnitt ist also darauf zu achten, daß die inneren Arme stärker zurückgeschnitten werden als die äußeren Arme. Es gilt die Regel, daß die Linie, die die Endknospen aller Arme verbindet, nie waagerecht sein darf. Sie muß zur Mitte hin muldenförmig, d.h. tiefer sein.

Noch besser ist es, den Fruchtbehang an den äußeren Armen im Vergleich zu den inneren Armen stärker zu reduzieren. Es ist ja bekannt, daß ein hoher Fruchtbehang das Triebwachstum bremst.

Bei der Erziehung der einzelnen Armpaare ist es wichtig, daß die Äste erst dann in die gewünschte Form gebogen werden, wenn sie die Länge haben, die notwendig ist, damit sie etwa 10 bis 20 cm senkrecht gebogen werden können. Nun kann es allerdings vorkommen, daß die Äste schon verholzt sind und sich schlecht biegen lassen. In diesem Fall werden im Holz einige Einschnitte angebracht. Damit erleichtert man das Biegen und verringert die Gefahr, daß der Ast bricht.

Entstehung von Fruchtholz

Birne

Im Frühjahr treiben die Knospen am Haupttrieb aus und bilden Seitentriebe, das zukünftige Fruchtholz. Ein Teil der sich bildenden Triebe wird weggedrückt, weil sonst die Fruchtäste zu dicht stehen oder eine ungeeignete Wuchsrichtung haben (zur Wand gerichtet oder bei waagerechten Armen nach oben). Dabei ist zu beachten, daß sich nicht alle Triebe gleichmäßig stark entwickeln. Am stärksten treiben die oberen Knospen aus. Sobald diese Triebe mehr als sieben bis acht Blätter haben und kräftig treiben, wird die Spitze ausgebrochen. Damit werden die sich weiter unten entwickelnden Triebe in ihrer Entwicklung begünstigt. Haben diese ebenfalls sieben bis acht Blätter gebildet, werden sie entspitzt. In dieser Weise geht man von oben nach unten vor. Nur Kurztriebe, die beim siebenten Blatt mit Wachsen aufhören, bleiben unberührt. Der nach dem siebenten bis achten Blatt entspitzte Trieb treibt öfter aus den oberen zwei Knospen wieder aus. Deshalb muß unter Umständen ein zweites Mal entspitzt werden. Das ist abhängig von der Bodengüte, der Unterlage und der Sorte. Im Herbst hat sich ein Seitentrieb, wie in nebenstehender Abbildung dargestellt, entwickelt. Deutlich ist die Stelle zu erkennen, an der der Zweig im Sommer entspitzt wurde. In diesem Fall war nur ein einmaliges Entspitzen erforderlich. Dieser Ast wird nun im Februar oder März geschnitten.

Behandlung eines Triebes zur Bildung von Fruchtholz.

Dabei wird in folgender Weise vorgegangen:

Sämtliche Fruchtäste werden auf vier Knospen zurückgeschnitten. Eine Ausnahme wird nur bei Fruchtruten und Fruchtspießen gemacht. In der rechten oberen Abbildung ist der beschriebene Rückschnitt auf vier Knospen dargestellt. In der folgenden Wachstumsperiode bringt die oberste Knospe erneut einen Trieb. Die darunterliegende Knospe bildet einen Kurztrieb mit einer Blütenknospe an der Spitze. Aus den zwei darunterfolgenden Knospen entwickelt sich nur Kurzholz ohne Blütenknospen. Damit wurde ein kurzer Fruchtast geschaffen, der bei richtiger Weiterbehandlung Jahr für Jahr in der Lage ist, Früchte zu bringen.

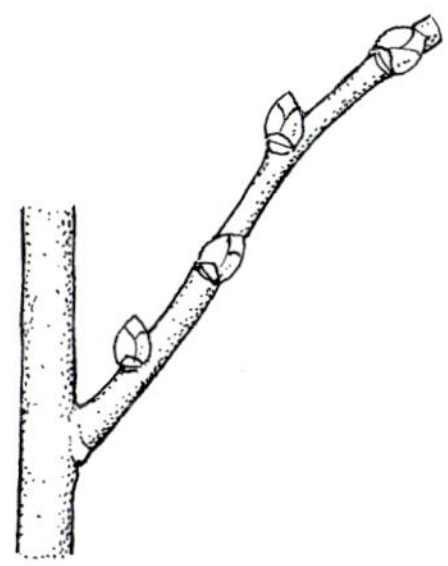

Rückschnitt im Frühjahr.

Im August wird der Neutrieb aus der obersten Knospe dicht an seinem Entstehungspunkt weggeschnitten, wodurch erreicht wird, daß den drei darunterliegenden Knospen viel Assimilat zugeleitet wird. Schneidet man den Trieb an der äußersten Knospe nicht weg, so besteht die Gefahr, daß die darunterliegenden Knospen verkümmern.

Im Folgejahr wird sich an der oberen Knospe ein neuer Trieb entwickeln. Solche Triebe, die neben Fruchtknospen einen mäßig wachsenden Neutrieb haben, sind am leistungsfähigsten. Ohne einen derartigen Neutrieb neigen sie sehr leicht zum Verkümmern. Andererseits ist ein zu kräftiger Neutrieb nicht erwünscht und muß Jahr für Jahr entfernt werden.

Das Entspitzen wurde bereits als ein Mittel beschrieben, welches geeignet ist, die zu starke Entwicklung von Trieben, die sich in Fruchtäste verwandeln sollen, zu hemmen. Dieses Entspitzen, auch Pinzieren genannt, wurde aus dem französischen Spalierobstbau übernommen. Eine andere Möglichkeit neben dem Pinzieren (im krautigen Zustand) besteht darin, die Triebe erst Ende Juli bis Mitte August, wenn sie bereits verholzt sind, über dem siebenten bis achten Blatt abzubrechen. Das Brechen erfolgt mit Hilfe eines stumpfen Messers, indem der Trieb über der Messerklinge gebrochen wird. Diese Behandlung wird in erster Linie bei Birnen eingesetzt. Als Folge des Brechens schwellen die Knospen an, treiben aber nicht mehr aus. Manchmal werden die Triebe auch nicht gleich völlig abgebrochen, sondern man bricht sie nur an und läßt den oberen Teil etwa 14 Tage lang hängen, bis er ganz abgestorben ist. Erst dann wird er entfernt. Wichtig ist dabei, daß die Triebe nicht erneut austreiben. Falsch wäre es, die Triebspitzen abzuschneiden, weil dadurch eine glatte Wunde entsteht, die schnell vernarbt, und der Trieb würde sofort neu austreiben. Das Brechen der Fruchtäste erfordert keinerlei besondere Kenntnisse und kann daher vom Anfänger mit gutem Erfolg angewendet werden.

Mit zunehmendem Alter läßt die Triebleistung des Baumes nach. Es entstehen sogenannte Ringelspieße. Dieses Ringelholz bildet willig Blüten, aus denen sich Früchte entwickeln. Zur Bildung dieses Ringelholzes ist ein bestimmtes Alter des Baumes notwendig, und der Baum darf keine zu starke Triebleistung haben, d.h. es muß ein ruhiger Baum sein. Es ist also jedes Überangebot an Stickstoff im Boden und ein zu starker Schnitt zu vermeiden, denn dadurch wird das Wachstum des Baumes angeregt. Das beste Kurzholz (Ringelholz) befindet sich an den Bäumen, die wenig, und an den Ästen, die gar nicht geschnitten worden sind. Die Endknospe des Ringelspießes ist nicht immer eine Blütenknospe, sondern kann auch eine Blattknospe sein. Damit ist ein neuer Ringeltrieb entstanden, der dann erst im nächsten Jahr eine Blütenknospe hervorbringt.

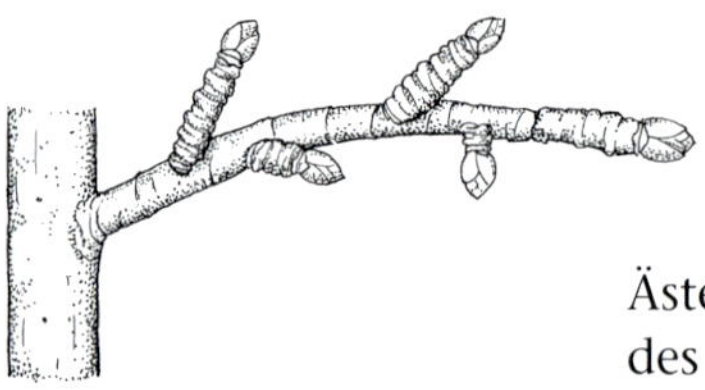

Ringelspieß.

Die Entwicklung von Blütenknospen aus Ringelspießen ist sortenabhängig. Einige Sorten bilden fast regelmäßig am einjährigen Blütenspieß Ringelknospen, andere erst im zweiten oder dritten Jahr. Auch der Standort und die Witterung beeinflussen die Ausbildung der Ringelknospen zu Blütenknospen. Es ist sehr wichtig, daß dieses Ringelholz nicht geschnitten wird, denn dadurch würde die Ausbildung der Blütenknospen gestört.

Nach Möglichkeit beläßt man auch an einem Fruchtzweig, der dieses Ringelholz hat, eine darüberstehende Blattknospe. Damit entsteht ein Trieb, der das überschüssige Wachstum ableitet. Durch das Wegschneiden aller Blattknospen am Fruchtast würde die Gefahr bestehen, daß die Blütenknospen am Rin-

gelholz durchtreiben und damit im folgenden Frühjahr keine Blüten entstehen. Hat ein alter Baum fast nur Ringeltriebe und gar keine Holzknospen, so ist in der Regel eine Düngung notwendig. Es ist somit schon einiges Fingerspitzengefühl erforderlich, um das richtige Maß für ein Gleichgewicht von Wachstum und Ertrag zu finden.

Reicher Blütenbesatz bei einer Birnenpalmette.

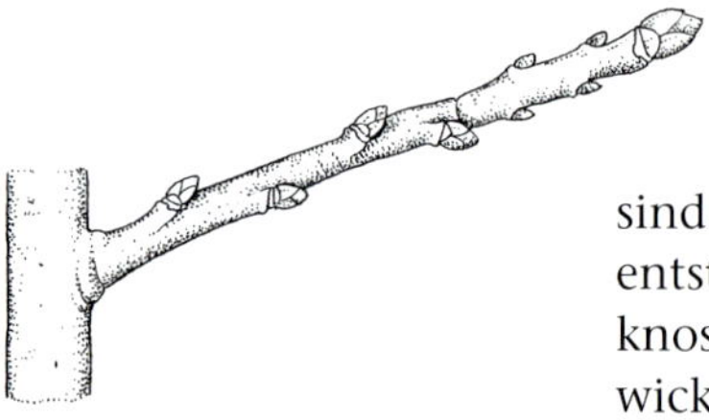

Fruchtspieß.

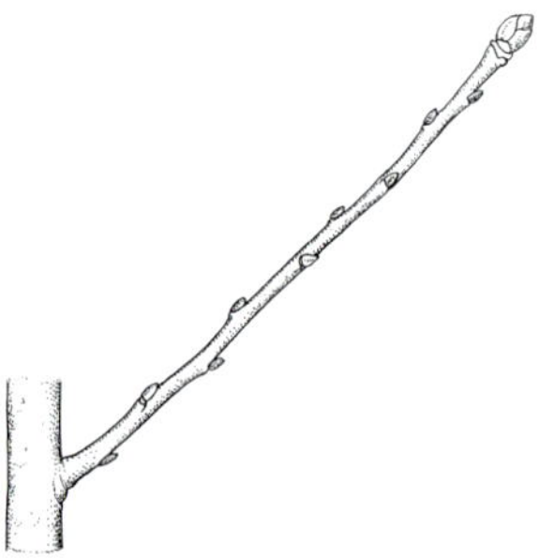

Fruchtrute.

Fruchtspieße und Fruchtruten

Die Fruchtspieße unterscheiden sich von den Ringelspießen dadurch, daß sie nicht geringelt, sondern glatt sind. Sie sind auch länger als die Ringelspieße. Die Ringelspieße entstehen aus Trieben mit drei bis sechs Blättern, deren Endknospe sich ähnlich wie am Ringelspieß zur Blütenknospe entwickelt oder wieder zu einem kurzen Spieß austreibt, an dessen Ende eine Blütenknospe entsteht.

Am Fruchtspieß entwickeln sich ebenfalls zwei bis drei Blattknospen, aus denen sich in den nächsten Jahren voraussichtlich Ringelspieße entwickeln werden. Betrachtet man das Holz von Spalierbäumen, so wird man leicht feststellen, daß es verschiedene Übergänge vom Ringelspieß zum Fruchtspieß gibt. Je nach der Sorte und dem Boden ist bald die eine, bald die andere Entwicklung vertreten.

Zu beachten ist, daß auch der Fruchtspieß nicht geschnitten werden darf. Er bringt aus seiner Endknospe bald Früchte, und seine Seitenknospen entwickeln sich zu fruchtbringenden Knospen oder Spießen. Hat ein Trieb mehr als vier bis fünf Blätter, wird er sich nicht mehr zum Fruchtspieß, sondern zu einer Fruchtrute entwickeln. Eine Fruchtrute ist ein Fruchtast von etwa 20 cm Länge, dessen Endknospe sich nicht zur Holzknospe, sondern zur Blatt- oder Blütenknospe umwandelt.

Die Fruchtruten werden nicht wie gewöhnliche Zweige auf etwa vier Augen zurückgeschnitten, denn durch diesen Rückschnitt wird ein neues Triebwachstum angeregt und die Knospen, aus denen sich Blüten entwickeln können, werden immer wieder weggeschnitten. Fruchtruten werden nur dann geschnitten, wenn genügend Ringel- oder Fruchtspieße vorhanden sind, so daß auf die längeren Ruten verzichtet werden kann.

Leistungsfähige Fruchtäste

Ein leistungsfähiger Fruchtast ist dadurch gekennzeichnet, daß er in seinem oberen Teil einen Holzast und in seinem unteren Teil Ringelspieße mit Blütenknospen besitzt. Die regelmäßige Behandlung dieses Fruchtastes besteht darin, daß jede Verzweigung von Holzzweigen beseitigt wird. Es darf also auf keinen Fall mehr als ein Holztrieb oder Holzzweig geduldet werden. Dieser Holztrieb wird im Sommer gebrochen und dann beim Winterschnitt auf eine oder mehrere Knospen zurückgeschnitten. Bei schwachem Trieb genügt der Rückschnitt auf eine Knospe. Bei starkem Trieb müssen zunächst drei bis vier Knospen stehenbleiben, um den Saftzufluß aufzunehmen und zu verarbeiten (Wachstumsbremsung). Später wird aber auf einen Holztrieb zurückgeschnitten. Die vier Knospen (Abb. S. 69) reichen vollkommen aus. Nach dem Rückschnitt besteht die Gefahr, daß der Fruchtspieß mit seiner Endknospe durchtreibt. Diesen Trieb läßt man bis Mitte August wachsen, dann wird er gebrochen. Damit wird gesichert, daß sich die Knospen, die daruntersitzen, gut ausbilden. Möglicherweise treibt noch eine weitere Knospe aus, deren Trieb ebenfalls Mitte August gebrochen werden muß. In diesem Fall würde der Ast im nächstfolgenden Jahr auf die Ringelspieße zurückgeschnitten. Der Rückschnitt muß also immer so geführt werden, daß nur die oberen zwei bis drei Knospen austreiben und im folgenden Jahr noch genügend darunterliegende Blütenknospen vorhanden sind.

Was ist zu tun, wenn ein Ast nur Triebe, aber keine Ringelspieße und auch keine Fruchtspieße bildet?
In diesem Fall ist es ganz wichtig zu erkennen, daß ein Übermaß an Entspitzen immer wieder zur Bildung neuer Holztriebe führt. Läßt man diesen Ast in Ruhe, so ist die Aussicht auf Erfolg (Bildung von Kurztrieben) wesentlich größer.

Apfel

Beim Apfel wird im Prinzip in der gleichen Weise wie bei der Birne vorgegangen. Als Beispiel soll an dieser Stelle ein Verlängerungstrieb betrachtet werden. An diesem hat sich ein Neutrieb entwickelt, der über dem achten Auge entspitzt wurde. Dieser Neutrieb wird im folgenden Frühjahr auf etwa fünf Augen zurückgeschnitten. In der folgenden Vegetationsperiode entwickeln sich aus den obersten zwei Augen Neutriebe. Aus den darunterliegenden Knospen entwickelt sich kurzes Fruchtholz. Der näher an der Basis liegende Trieb wird über dem fünften Blatt entspitzt (kurzer Fruchtholzschnitt). Den zweiten Neutrieb schneidet man weg. An dem darunterliegenden Fruchtholz entwickeln sich bereits Früchte. Diese tragen sehr wesentlich zur natürlichen Bremsung des Baumwachstums bei.

Bei Bäumen mit einem stärkeren Wachstum ist dieser sogenannte kurze Fruchtholzschnitt nicht zweckmäßig, denn es würde in diesem Fall nur ein starkes Baumwachstum als Reaktion auf den Rückschnitt erzeugt. Beim langen Fruchtholzschnitt werden die Triebe nach sieben bis acht gut entwickelten Blättern entspitzt. Damit ist der erneute Austrieb nicht so stark wie beim Entspitzen nach dem fünften Blatt. Entscheidend ist auch hier wieder, daß nach dem Entspitzen möglichst nur die oberste, vielleicht noch die darunterliegende Knospe

■ *Kurzer Fruchtholzschnitt bei einem freistehenden älteren Apfelspalier.*

austreibt. Dieser Austrieb wird nach vier bis fünf Blättern entfernt. Alle anderen Knospen sollen nicht austreiben und sich zu Blütenknospen entwickeln. Die kräftigen Triebe werden waagerecht, die schwächeren Triebe etwas senkrecht an das Spalier geheftet. Nachdem ein langer Fruchtast Früchte getragen hat, wird sein Wachstum gebremst und kann etwas kürzer geschnitten werden.

Die Entscheidung für die eine oder andere Variante des Fruchtholzschnittes ist, wie bereits genannt, von der Wuchsstärke, aber auch von der jeweiligen Sorte und Unterlage sowie der Wuchsleistung des Bodens abhängig.

Sortenempfehlungen

Für den Spalierobstbau gibt es im allgemeinen keine Einschränkungen bei der Sortenwahl. Besonders zu empfehlen sind jedoch Sorten, die durch ihren wertvollen Geschmack oder ihre Fruchtfarbe besonders ansprechen. Natürlich sollte auch der regelmäßige Ertrag und die Widerstandsfähigkeit der Sorten gegenüber Krankheiten, wie z.B. Schorf und Mehltau, eine Rolle spielen.

Die Apfel- und Birnensorten wachsen jedoch nicht auf ihrer eigenen Wurzel. Sie werden generell auf eine robuste Unterlage veredelt. Diese Unterlage ist eine speziell ausgelesene „Apfel- oder Birnensorte". Sie beeinflußt maßgeblich die Wuchsstärke des Baumes. Mit der Wahl der Unterlage wird praktisch entschieden, ob der Baum ein und derselben Sorte beispielsweise 6,00 m oder nur 2,50 m hoch wird.

Als Unterlage für Birne ist 'Quitte MA' geeignet. Die Sämlingsunterlage scheidet aus. Durch sie wächst der Baum sehr stark und hat eine relativ lange ertraglose Zeit.

Auf guten Gartenböden bzw. auf entsprechend verbesserten Standorten wird für kleine Spalierbaumformen (Schnurbaum, U-Form) für Apfel die schwachwachsende Unterlage M9 empfohlen. Auf eine gute Wasser- und Nährstoffversorgung ist bei der Verwendung dieser Unterlage besonders zu achten. Auf leichteren Böden wird an Stelle von M9 die Unterlage M26 empfohlen.

Für größere Spalierformen, wie z.B. die Verrier-Palmette, wird auf die mittelstarkwachsende Unterlage MM106 orientiert. Stärkerwachsende Unterlagen, wie z.B. die Sämlingsunterlage, sind für Spalierbäume ungeeignet.

Birne

Bei Birnen werden für den Anbau in Spalierform folgende Sorten empfohlen:

'Clapps Liebling', 'Frühe von Trevoux', 'Williams Christ', 'Alexander Lucas', 'Gute Luise', 'Präsident Drouard', 'Jeanne d' Arc'.

Nachfolgend sollen von diesen Sorten einige etwas genauer beschrieben werden.

'Alexander Lucas' ist eine Tafelbirne vor allem zur Winterversorgung. Der Baum wächst mittelstark und etwas schleudernd. Die Früchte sind groß bis sehr groß, süß und schwach säuerlich im Geschmack. Die Fruchtfarbe ist grünlich mit einer hellbräunlichen Deckfarbe. Die Pflückreife liegt Anfang bis Mitte Oktober. Genußreif sind die Früchte ab November. Die Sorte ist kaum anfällig für Schorf.

Befruchtungsverhältnisse bei Birne

Sorte ♂ / ♀	Clapps Liebling	Frühe von Trevoux	Williams Christ	Alexander Lucas	Gute Luise	Präsident Drouard	Jeanne d'Arc	Vereinsdechantsbirne
Clapps Liebling		●	●		●			
Frühe von Trevoux			●			●		
Williams Christ	●							●
Alexander Lucas	●		●		●	●		
Gute Luise	●	●						●
Präsident Drouard	●		●					
Jeanne d'Arc			●					●
Vereinsdechantsbirne	●	●	●		●	●		

● geeignete Befruchter

'Clapps Liebling' ist eine frühreifende Tafelbirne für den sofortigen Verbrauch. Die Sorte ist starkwüchsig. Nachteilig ist das brüchige Holz. Die Früchte sind mittelgroß, zur Reife sonnenseits rötlich geflammt und von süßem Geschmack. Die Reife ist folgernd zwischen Anfang und Ende August.

Links: Herbstbirne 'Gute Luise'.

Rechts: Sommerbirne 'Williams Christ'.

'Gute Luise' ist eine besonders in Hausgärten verbreitete Herbstbirne. Der Wuchs ist mittelstark. Die Früchte sind mittelgroß, zur Reife rötlichbraun gefärbt und von aromatischem, melonenartigem Geschmack. Die Sorte neigt zur Alternanz und ist sehr anfällig für Schorf. Die Pflückreife liegt zwischen Ende September und Anfang Oktober.

'Williams Christ' ist eine Sommerbirne, die im Erwerbs- und Liebhaberobstbau weit verbreitet ist. Der Wuchs ist anfangs mittelstark, später schwächer. Die Früchte werden mittelgroß bis groß, sind länglich birnenförmig und zur Reife gelb gefärbt. Der Geschmack ist säuerlichsüß mit muskatartiger Würze. Sie reift Anfang September. Die Sorte ist anfällig für Schorf sowie bei nicht zusagendem Standort oder ungünstigen Witterungsbedingungen für die Steinzellenbildung.

Bei der Auswahl der Sorten muß beachtet werden, daß Birnen und Äpfel geeignete Befruchtersorten benötigen. In der Tabelle (Seite 76) sind die Befruchtersorten für Birne dargestellt.

Befruchtungsverhältnisse bei Apfel

Sorte ♂ / ♀	Retina	Reglindis	Renora	Resi	Piros	Delbarestivale	James Grieve	Alkmene	Pirella	Elstar	Pinova
Retina		●			●		●				
Reglindis	●						●				●
Renora	●	●		●			●		●		
Resi	●				●		●				
Piros	●		●				●				●
Delbarestivale							●	●			
James Grieve	●	●	●	●	●			●	●	●	●
Alkmene					●		●				●
Pirella	●	●		●	●		●				
Elstar	●	●			●		●	●			●
Pinova	●	●		●	●		●	●	●	●	

● geeignete Befruchter

Apfel

Besonders empfehlenswert sind beispielsweise die neueren Apfelsorten aus der Pillnitzer Züchtung. Sie sind resistent gegenüber Schorf und Mehltau. Das hat den Vorteil, daß Pflanzenschutzbehandlungen gegenüber diesen Krankheiten im Garten weitestgehend überflüssig sind. Speziell werden die Sorten 'Retina', 'Reglindis', 'Renora' und 'Resi' empfohlen. Natürlich sind auch viele andere Sorten geeignet, hierbei sind besonders die Sommeräpfel 'Piros' und 'Delbarestivale' zu nennen, ebenso die Sorten 'James Grieve', 'Alkmene', 'Pirella', 'Elstar', 'Rubinette' und 'Pinova'. Einige von diesen Sorten sollen nachfolgend etwas genauer vorgestellt werden.

Apfelsorte 'Elstar'.

Mehrfach resistente Herbstsorte 'Reglindis'.

Mehrfach resistente Spätsommersorte 'Retina'.

'Delbarestivale' ist eine Neuzüchtung aus Frankreich. Der Wuchs ist mittelstark. Die Früchte sind mittelgroß, rot gefärbt und von angenehmem Geschmack. Die Reifezeit liegt von Ende August bis Mitte September.

'Elstar' ist eine niederländische Züchtung. Der Wuchs ist mittelstark, jedoch mit einer großen Verzweigungsneigung. Dadurch ist unbedingt ein Sommerschnitt erforderlich. Die Früchte sind mittelgroß, goldgelb mit roter Deckfarbe gefärbt. Es ist eine geschmacklich sehr wertvolle Sorte mit einem ausgeglichenen Zucker-Säure-Verhältnis. Die Pflückreife liegt zwischen Ende September und Anfang Oktober.

'**Piros**' ist eine Sommerapfelsorte aus der Pillnitzer Züchtung mit ausgezeichneten Fruchteigenschaften. Der Wuchs ist mittelstark, so daß die Bäume nur geringe Schnittmaßnahmen verlangen. Die Früchte sind groß und von rot geflammter Ausfärbung. Der Geschmack ist sehr aromatisch. Die Pflückreife liegt zwischen Ende Juli und Anfang August.

'**Reglindis**' entstammt wie die nachfolgend beschriebene Sorte 'Retina' den Pillnitzer Apfelzüchtungen im Rahmen der Resistenzzüchtung. Sie ist eine Herbstsorte, die sowohl als Tafelapfel als auch für die Verarbeitung geeignet ist. Der Wuchs ist mittelstark. Die Früchte sind mittelgroß, leuchtend rot und von süßsäuerlichem Geschmack. Die Sorte ist resistent gegen Schorf und nur gering anfällig für Mehltau.

'**Retina**' ist eine dunkelrot gefärbte Spätsommersorte. Sie wächst sehr stark. Die Früchte sind groß und haben einen süßsäuerlichen Geschmack. Die Reifezeit liegt Anfang September. Der Vorteil dieser Sorte ist vor allem die gute Resistenz gegen Schorf und die geringe Anfälligkeit gegen Mehltau.

Wie bei Birne werden auch beim Apfelanbau geeignete Befruchtersorten benötigt (Tabelle S. 78).

Pflegemaßnahmen bei Birne und Apfel

Fruchtbehangsregulierung

Sehr wichtig ist das Entfernen überzähliger Früchte. Ein zu hoher Fruchtbehang führt zu Früchten, die eine ungenügende Größe und damit mangelhafte Qualität aufweisen. Die Ausbildung der sortentypischen Größe ist sehr entscheidend für den Geschmack der Früchte.

Darüber hinaus löst ein zu hoher Fruchtbesatz häufig Alternanz, d.h. Ertragsausfall im Folgejahr aus. Der fehlende Ertrag

Optimaler Fruchtbehang bei einem sehr einfach gestalteten Apfelspalier.

führt zu einem verstärkten Wachstum der Bäume. In dieser Situation ist es schwierig, ja aussichtslos, den Baum zu beruhigen. Ein starker Rückschnitt wäre hier völlig fehl am Platze, weil damit der Neutrieb im Folgejahr erneut stark angeregt wird.

Aus diesen Gründen ist das vorzeitige Entfernen überzähliger Früchte eine außerordentlich wichtige Arbeit.
Dafür gibt es im Prinzip zwei Möglichkeiten:

1. Blütenausdünnung: Bei der Blütenausdünnung werden überzählige Blüten zur Blütezeit mit einer Schere weggeschnitten. In Abhängigkeit von der Blühstärke ist je Blütenstand nur eine Blüte, in der Regel die Mittelblüte (blüht zuerst auf) zu belassen. Sind nur wenige Blüten am Baum, werden keine Blüten entfernt.

2. Fruchtausdünnung: Nach dem Junifruchtfall wird der Baum erneut betrachtet. Die Anzahl der Früchte leitet sich aus seiner Größe ab. Als Faustregel gilt hier, auch in Anlehnung an WINTER (1992), daß sich je Quadratmeter Kronenfläche etwa 21 bis 24 Früchte am Baum befinden sollten. Dabei ist zu beachten, daß unter Umständen ein freistehender Spalierbaum eine größere Kronenoberfläche als ein Spalierbaum an einer Wand hat.

Betrachtet man beispielsweise einen senkrechten Schnurbaum mit einem Durchmesser von 40 cm und einer Kronenhöhe von 2,00 m (Kronenhöhe ist die Differenz aus Baumhöhe und Höhe vom Boden bis zur ersten Kronenverzweigung), so ergibt sich daraus eine Kronenoberfläche von 1,25 m^2. Daraus resultiert, daß bei diesem Baum die optimale Behangstärke bei 26 bis 30 Früchten liegt. Alle über diese Anzahl hinausgehenden Früchte werden nach dem Junifruchtfall entfernt. Dabei sind verkrüppelte Früchte und Früchte mit Schalenfehlern vorrangig zu entfernen.

Durch diese Arbeiten wird erreicht, daß der Baum im nächsten Jahr erneut blüht und Früchte trägt. Dieser jährlich regelmäßige Ertrag ist sehr wichtig zur Vermeidung eines zu starken Wachstums.

Düngung

Die Nährstoffversorgung bei Apfel und Birne erfordert vor allem für die Nährstoffe Calcium und Kalium ein ausgewogenes Verhältnis. Aus diesem Grund sollte die Düngung nur auf der Grundlage einer Bodenuntersuchung in einem zugelassenen Labor auf vorhandene Nährstoffe erfolgen.

Als Richtwert gilt für Apfel und Birne bei gutem Fruchtbehang etwa 7 bis 8 g Stickstoff, d.h. 35 bis 40 g/m^2 eines 20 %igen Stickstoffdüngers im Jahr. Ist der Ertrag geringer, muß auch die Düngergabe reduziert werden.

Der Düngerbedarf an Phosphor beträgt etwa 25 g/m^2 eines Düngers mit 8 bis 9 % Phosphor, der Bedarf an Kali 40 g/m^2 eines Düngers mit etwa 33 % Kali.

Die Düngermenge ist natürlich auch sehr stark von der Größe des Spaliers abhängig.

Pflanzenschutz

Wichtige Krankheiten sind **Schorf** und **Mehltau**.

Der Schorf des Apfels *(Venturia inaequalis)* sowie der Birne *(Venturia pirina)* tritt in feuchten und mäßig warmen Jahren verstärkt auf. Der Pilz überwintert an den abgefallenen toten

Blättern. Bei stärkerer Durchfeuchtung dieser Blätter im Zeitraum April bis Juni werden die Sporen freigesetzt und gelangen auf die Blätter, jungen Triebe, Kelchblätter der Blüten oder Früchte. Die Keimung der Sporen dort ist vor allem an Feuchtigkeit gebunden. Das Schadbild sind vor allem blattoberseits rundliche, matt olivgrüne, später braune bis schwärzlich werdende Flecke.

Zur Bekämpfung gibt es zahlreiche Fungizide. Entscheidend für den Bekämpfungserfolg ist die Bestimmung des optimalen Bekämpfungstermines, der durch den Freizeitgärtner schwierig zu ermitteln ist. Entschließt man sich dennoch zu chemischen Maßnahmen, dann sollte man die in der Regel über telefonischen Abruf erreichbaren Hinweise des zuständigen Pflanzenschutzamtes beachten.

Günstiger ist es deshalb, schorfresistente Sorten, wie beispielsweise 'Reglindis', zu pflanzen.

Der **Apfelmehltau** *(Podosphaera leucotricha)* überwintert vorrangig in den Endknospen. Der Austrieb dieser Knospen ist verzögert. Die entstehenden Blätter sind deformiert und von einem weißen mehligen Belag überzogen. Werden die Früchte befallen, so weisen diese eine netzartige Berostung auf. Der Apfelmehltau tritt besonders an wärmebegünstigten und trockenen Standorten auf. Chemische Bekämpfungsmaßnahmen alleine reichen nicht aus. Diese müssen mit mechanischen Maßnahmen (Wegschneiden der befallenen Triebe) kombiniert werden.

Verminderte Qualität von Birnenfrüchten durch Schorf.

Vom Mehltau stark befallener Apfeltrieb.

Seite 84/85: Blühende Sauerkirsche vor einer schützenden Mauer ohne Spalierunterstützung.

Spezielle Anforderungen für Steinobst

Kirsche, Pflaume, Pfirsich und Aprikose sind Gattungen der Unterfamilie Steinobstgewächse (Prunoideae) und gehören zur Familie der Rosengewächse (Rosaceae).

Steinobstgehölze sind wärmeliebend, so daß sich der Anbau auf klimatisch begünstigte Standorte beschränkt. So verursachen Spätfröste auch immer wieder Ertragsausfälle, da die Steinobstarten frühzeitig blühen.

Botanisch gesehen ist die Frucht eine Steinfrucht. Die Samenanlage ist in einer harten Schale eingehüllt. Dieser Stein wird vom Fruchtfleisch mit der mehr oder minder festen Fruchthaut umgeben. Bei den Steinobstarten gibt es selbstfruchtbare (selbstfertile) und selbstunfruchtbare (selbststerile) Sorten.

Die Früchte werden zwar vorrangig zum Frischverzehr verwendet, sie sind aber auch sehr gut für die Verarbeitung geeignet.

Aprikose

Die Kultursorten gehören der Art *Armeniaca vulgaris* Lam. – der gewöhnlichen Aprikose – an. Diese Obstart ist sehr widerstandsfähig gegen Trockenheit. Sie liebt offene, gut belichtete Standorte. Ungenügend widerstandsfähig ist der Aprikosenbaum gegenüber Winterfrösten. Bei Temperaturen unter -25 °C können starke Schäden am Gehölz auftreten.

Die Aprikose wächst im Jugendstadium sehr stark. Charakteristisch sind dabei die Langtriebe mit einer fehlenden oder geringen Neigung zur Fruchtbildung. Die natürlich gewachsene Krone des Aprikosenbaumes baut sich aus weniger kräftigen Leitästen auf, die oftmals aus einer Ansatzstelle am Stamm entspringen. Das führt bei hoher Ertragsbelastung häufig zum Abbrechen der Äste.

Die Ertragsbildung setzt vier bis sechs Jahre nach der Pflanzung ein. Aufgrund der sehr zeitigen Blüte besteht eine große Spätfrostgefahr. Selbst bei günstigem Blüteverlauf werden gerade bei der Aprikose die jungen Fruchtansätze durch Spätfrost geschädigt. Die Triebkraft des Baumes läßt mit Eintritt in das Ertragsalter stark nach. Es kommt zur Fruchtbogenbildung, deren Fruchtbarkeit allerdings ebenfalls nicht unerschöpflich ist, so daß eine ständige Regeneration des Fruchtholzes unerläßlich ist.

Die Früchte werden aufgrund ihrer vielseitigen Verwendung und ihres hervorragenden Geschmackes vom Verbraucher sehr

Aprikosenspalier.

geschätzt. Hervorzuheben ist auch ihr hoher ernährungsphysiologischer Wert. Wesentliche Bestandteile sind Saccharose, Ca-Pektinat, Vitamin A und B_2 und ein hoher Gehalt an Gesamtsäure.

Erziehung und Schnitt

Bei der Aprikose ist eine Kronenerziehung mit und ohne Stammverlängerung möglich. Als Spaliererziehung hat sich bei Aprikose die **einfache Fächerform oder das formlose Spalier** am besten bewährt.

Ein derartiges Aprikosenspalier benötigt eine Wandfläche von 6 bis 8 m^2. Die Formierung erfolgt, indem man die einzelnen Äste schräg aufwärts gerichtet an das Lattenspalier bindet. Zwischen den Ästen sollte der Abstand 50 bis 70 cm betragen, damit eine ausreichende Belichtung gewährleistet ist.

Alle Äste und Langtriebe, die sich in diesem Zwischenraum befinden, werden weggeschnitten. Entsprechend der Höhe des Wandspaliers werden mehrere Astetagen gebildet. Ist die gewünschte Höhe erreicht, wird der Mitteltrieb seitlich abgeleitet.

Strengere Erziehungsformen, wie z.B. **U-Form oder Palmetten**, sind bei Aprikosen ebenfalls möglich, aber aus folgenden Gründen unzweckmäßig:

- Aprikosenholz ist sehr brüchig und birgt daher die Gefahr des Aus- und Abbrechens bei den Formierungsarbeiten.
- Steinobstgehölze haben eine sehr starke Förderung der Spitzenknospen, so daß waagerecht gezogene Astabschnitte unterdrückt würden damit auch vorzeitig verkahlen und nur die oberen Austriebe der senkrechten Astabschnitte bevorzugt würden.
- Der Schnittaufwand, besonders während der Vegetationszeit, ist höher.

Alle Schnittmaßnahmen sind darauf auszurichten, daß die gesamte Spalierfläche gleichmäßig mit fruchttragenden Ästen besetzt ist, die ausreichend belichtet werden müssen. Bei niederen Wandspalieren ist oft bereits eine Astserie ausreichend, so daß der Mitteltrieb entfernt werden kann.

Hohe Wandspaliere, die mehrere Astetagen erfordern, setzen das Vorhandensein einer Stammverlängerung voraus. Damit sich die untere Astpartie kräftig entwickeln kann, ist der Mitteltrieb kräftig zurückzuschneiden. Wird dies unterlassen, kommt es zur Förderung des Mitteltriebes und somit sehr schnell zur Unterdrückung der unteren Astserie sowie zum Überbauen der Krone (Kopflastigkeit).

Beim Aufbau des Spaliers mit mehreren Etagen ist darauf zu achten, daß eine breitpyramidale Form eingehalten wird, die eine gleichmäßige Entwicklung aller Astserien garantiert.

Triebe, die für den Kronenaufbau nicht benötigt werden, sind gänzlich zu entfernen. Das trifft besonders für Holztriebe zu, die sich häufig auf der Astoberseite entwickeln und durch ihre senkrechte Stellung eine starke Konkurrenz zur Mittelachse werden können. Sind diese Holztriebe für den weiteren Kronenaufbau notwendig, werden sie bereits während der Vegetationszeit in einem Winkel von 60° am Spalier befestigt.

Der oft vertretenen Meinung, Aprikosen sollen so wenig wie möglich geschnitten werden, da diese Maßnahme den Gummifluß sowie das Eindringen von Krankheitserregern in das Holz begünstigt, kann aus heutiger Sicht nicht mehr gefolgt werden.

Für die Gesunderhaltung ist es vielmehr von Bedeutung, zu welcher Jahreszeit Schnittmaßnahmen durchgeführt werden. Grundsätzlich abzulehnen sind Schnittmaßnahmen bei Aprikosen in der vegetationslosen Zeit. Das trifft besonders für den Rückschnitt ins Altholz zu. Die Schnittwunden bilden in dieser Zeit keinen Wundkallus. Krankheitserreger, vor allem von Rindenkrankheiten, dringen dadurch ungehindert in das Gehölz ein. Weiterhin besteht die erhöhte Gefahr, daß über die Schnittwunde eindringende Feuchtigkeit gefriert und am Holz Frostrisse verursacht.

Für Spalierformen ist deshalb der **Sommerschnitt** die geeignete Maßnahme, um die Entwicklung des Gehölzes sofort zu

Ein Aprikosenspalier als freier Fächer mit gleichmäßiger, lockerer Verteilung der Äste.

regulieren. Die Schnittwunden sind noch klein und verheilen besser. Das Wachstum stark wachsender Gehölze kann gebremst werden. Darüberhinaus fördert der Sommerschnitt die Bildung von Kurzholz, das als zukünftiges Fruchtholz benötigt wird. Alle Korrekturen am Kronengerüst des Aprikosenspaliers oder Verjüngungsmaßnahmen werden deshalb am besten unmittelbar nach der Ernte durchgeführt.

Wenngleich es im belaubten Gehölzzustand schwieriger ist, den Überblick zu behalten, werden stärkere Schnittmaßnahmen in dieser Zeit ohne phytosanitäre Probleme vertragen.

Sortenempfehlung

Im gegenwärtigen Weltsortiment gibt es außerordentlich viele Sorten. Nur die wenigsten sind unter unseren klimatischen Bedingungen zum Anbau geeignet.

Die '**Nancyaprikose**' ist seit mehr als 200 Jahren bekannt. Der Baum wächst kräftig und sparrig. Der Besatz mit Fruchtholz ist sehr gut und trägt zur reichen Fruchtbildung bei. Zur Verminderung des überreichen Fruchtansatzes und zur Verbesserung der Fruchtgröße ist ein regelmäßiger Schnitt erforderlich. Die Früchte sind leicht wollig, hellgelb bis hellorange gefärbt und von mäßiger Saftigkeit. Sie neigen nur selten zum Mehligwerden. Die Reifezeit liegt Anfang August.

Der optimale Lichteinfall bei diesem Aprikosenspalier gewährleistet gut ausgereifte Früchte.

Die **'Ungarische Beste'** ist wohl am weitesten verbreitet. Der Baum wächst mittelstark und neigt im Alter zum hängenden Wuchs. Diese Sorte gilt als robust und frosthart. Bei übermäßigem Behang bleiben die Früchte sehr klein (Fruchtausdünnung erforderlich). Sie sind schwach wollig, hellgelb bis hellorange, wobei ein Viertel der Oberfläche rot überzogen ist. Das Fruchtfleisch wirkt oft sauer im Geschmack, da das Zucker-Säure-Verhältnis etwa 1 : 2 beträgt.

Die Fruchtreife liegt im August und ist stark folgernd. Bei Überreife werden die Früchte mehlig. Diese Sorte ist sehr gut zur Konservierung geeignet.

Pflegemaßnahmen

Für ein gutes Gedeihen des Aprikosenspaliers während seiner gesamten Standzeit sind Bodenpflege, Düngung, Bewässerung und Pflanzenschutzmaßnahmen unerläßlich.

Die Versorgung des Bodens mit **mineralischem Dünger** erfolgt am besten durch flüssige Gaben, die über vorbereitete Löcher im Boden sehr schnell und direkt in den Wurzelbereich gelangen.

Bodenpflegemaßnahmen sind bei Spalieren an Hauswänden eingeschränkt möglich. Wegeführung oder Sitzplatzgestaltung in Nähe zum Haus ergeben oftmals nur eine geringe freie Bodenoberfläche für das Gehölz, über die Wasser und Nährstoffe aufgenommen werden können. Dennoch ist der Boden im Stammbereich von Unkraut freizuhalten.

Eine Bodenbedeckung mit organischem Material wirkt sich günstig auf die Bodenqualität aus.

Wie für alle Obstgehölze ist auch für die Aprikose die Versorgung mit den vier Hauptnährstoffen Stickstoff, Phosphor, Kalium und Kalk für ein gutes Gedeihen von Bedeutung. Ein Mangel an Nährstoffen führt nicht nur zu einer geringeren Triebleistung und Ertragsminderung, sondern schwächt das Gehölz, das in der Folge sehr anfällig gegenüber Krankheitserregern wird.

Allerdings muß vor einer einseitigen oder übermäßigen Düngung gewarnt werden. Gerade überhöhte Stickstoffgaben mindern die Geschmackseigenschaften der Früchte und verstärken das Auftreten von Gummifluß am Gehölz.

Angaben, in welcher Höhe und in welchen Abständen die Nährstoffversorgung notwendig wird, sollten aus einer Bodenanalyse gezogen werden. Deshalb ist es wichtig, die Entwicklung des Gehölzes zu beobachten. Triebwachstum, Blüten- und Fruchtbildung sowie Färbung der Blätter lassen Rückschlüsse auf die Nährstoffversorgung zu. Auftretende Mangelerscheinungen lassen sich durch eine Blattdüngung am schnellsten beheben.

In engem Zusammenhang mit der optimalen Nährstoffversorgung und -aufnahme ist ein ausreichender **Wasserhaushalt des Bodens** anzusehen. Gerade bei Hausspalieren, die sich im Bereich des Daches befinden, kann die natürliche Wasserversorgung unzureichend sein. Eine **Zusatzbewässerung** über vorhandene Bodenlöcher ist besonders für eine gute Fruchtentwicklung notwendig. In der Periode der Fruchtentwicklung kurz nach der Blüte besteht ein sehr hoher Wasserbedarf.

Die häufigsten Schädigungen, die an Aprikosen unter unseren klimatischen Bedingungen auftreten können, sind **nichtparasitärer** Art. Besonders tiefe Wintertemperaturen und starke Sonneneinstrahlung verursachen Frostrisse im Stamm und an den Gerüstästen. Um dies zu verhindern, ist ein weißer Anstrich dieser Holzpartien noch immer die beste Methode. Von den **parasitären** Schädigungen ist seit einigen Jahren auch an Aprikosen verstärkt die **Valsakrankheit**, auch Krötenhautkrankheit genannt, zu beobachten. Dabei handelt es sich um eine Pilzkrankheit, deren Ursache sehr vielgestaltig sein kann. Die Pilzsporen dringen durch jede kleine Wunde am Baum ein. Das äußere Erscheinungsbild erinnert an eine Krötenhaut, da die Baumrinde von dicht aneinandersitzenden Pusteln durchsetzt ist.

Aprikosen werden nur selten von Krankheiten oder Schädlingen befallen. Dennoch ist auch bei ihrer Kultur eine ständige Kontrolle vorteilhaft.

Eine Möglichkeit der direkten chemischen Bekämpfung der Valsakrankheit gibt es nicht. Zur Zeit des Blattfalls können jedoch Kupferpräparate angewandt werden, die ein schnelles Verheilen der Blattstielnarben bewirken und das Eindringen des Pilzes verhindern.

Befallene Astpartien sind bis in das gesunde Holz zurückzuschneiden. Bei Befall im Gerüstastbereich bedeutet dies enorme Eingriffe in das Gleichgewicht der Krone und kann unter Umständen zum totalen Verlust des Gehölzes führen.

Eine weitere Krankheit, von der Aprikosen befallen werden können, ist die **Scharkakrankheit**. Diese Viruserkrankung, die allgemein von den Pflaumen bekannt ist, kann zum totalen Ertragsausfall führen. Typisches Erscheinungsbild sind konzentrisch helle Ringfärbungen auf den Blättern sowie rötliche Ringe auf dem Fruchtstein. Die Früchte haben pockenartige Einsenkungen und sind dadurch verkrüppelt. Meist fallen diese

Früchte vorzeitig ab, so daß es bei starkem Befall zum Verlust der gesamten Ernte kommen kann. Hauptüberträger dieser Krankheit sind Läuse, sie kann aber auch bei der Gehölzvermehrung weiterverbreitet werden. Eine direkte chemische Bekämpfung ist nicht möglich. Deshalb ist bereits bei der Anzucht der Gehölze auf die Verwendung von virusfreiem Material zu achten.

Pfirsich

Der Pfirsich, *Prunus persica* L., gehört ebenfalls zur Unterfamilie der Prunoideae.

Die Standortansprüche entsprechen denen der Aprikose. Das Wachstum der Pfirsiche ist von Natur aus schwächer. Charakteristisch ist die starke Spitzenförderung, die bei Gehölzen, welche nicht regelmäßig geschnitten werden, zur Verkahlung der unteren Astpartien führt. Diese Obstart ist aufgrund der zeitigen Blüte stark spätfrostgefährdet.

Pfirsichspalier an einer Hauswand.

Für eine ständige Regeneration des Fruchtholzes und zur Entwicklung qualitativ hochwertiger Früchte sind spezielle Schnittmaßnahmen (Fruchtholzschnitt), aber auch das Ausdünnen von Fruchtansätzen notwendig. Die für unsere Anbauverhältnisse empfohlenen Sorten sind selbstfruchtbar und brauchen deshalb keine Bestäubersorte.

Erziehung und Schnitt

Pfirsiche sind als Spalier in der gleichen Weise zu erziehen, wie Aprikosen. Sehr strenge Erziehungsformen erfordern sehr viel Aufwand und sind aufgrund des Verkahlungseffektes nicht zu empfehlen.

Diese Obstart ist besonders für kleinere Spaliere geeignet. Wichtig ist, daß das Gehölz nur mit einem Fußstämmchen von etwa 30 cm Länge erzogen wird. Eine größere Stammlänge vermindert sehr stark die Wuchskraft, wodurch die Spalierfläche nicht ausgenutzt werden kann.

Pfirsiche werden häufig als einjährige Okulate verkauft. In diesen Fällen muß die Bildung des Kronengerüstes am endgültigen Standort vorgenommen werden.

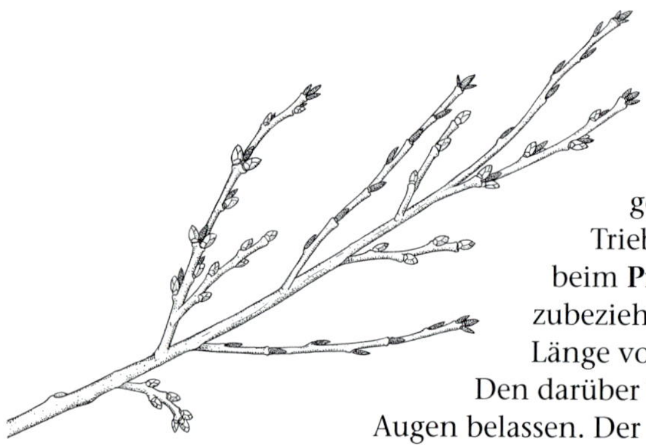

Unterschiedliche Holzformen beim Pfirsich.

Ein Pfirsichokulat hat eine kräftig ausgeprägte Mittelachse, an der sich vorzeitige Triebe befinden. Die vorzeitigen Triebe sind beim **Pflanzschnitt** in die Gerüstastbildung einzubeziehen. Die untersten Triebe werden auf eine Länge von fünf bis sechs Augen zurückgeschnitten. Den darüber befindlichen Trieben werden zwei bis drei Augen belassen. Der Mitteltrieb erfährt ebenfalls einen kräftigen Rückschnitt. Die sich aus den verbliebenen Triebaststummeln entwickelten Triebe werden in einem Winkel von etwa 60° an das Spalier gebunden.

Im Folgejahr müssen diese Triebe eingekürzt werden. Wird dies unterlassen, entwickeln sich nur aus den Spitzenknospen neue Triebe, und die Knospen an der Basis bilden ausschließlich Blätter.

Im Gegensatz zur Aprikose ist beim Pfirsich die Ausbildung verschiedener Triebformen zu beachten. Dabei sind neben Holztrieben, falsche Fruchttriebe und wahre Fruchttriebe zu unterscheiden.

Holztriebe besitzen ausschließlich vegetative Knospen und tragen damit nicht zur Fruchtbildung bei. Bei der Kronenerziehung sowie zur Regenerierung haben sie jedoch eine wichtige Funktion.

Falsche Fruchttriebe sind von geringer Länge, und bis auf die Spitzenknospen sind alle anderen reine Blütenknospen. Obwohl sie die Fähigkeit haben, Früchte zu tragen, werden diese aufgrund des zu geringen Blattanteils nur ungenügend ernährt. Zum Abschluß der Vegetationsperiode sind diese Triebe vollkommen verkahlt.

Grundsätzlich müssen deshalb falsche Fruchttriebe im Frühjahr entfernt werden.

Wahre Fruchttriebe besitzen neben einer endständigen vegetativen Knospe weitere Blattknospen sowie gemischte Knospen. Dabei wird eine Blattknospe von je einer Blütenknospe flankiert. Durch den Rückschnitt der wahren Fruchttriebe werden die vegetativen Knospen zum Austrieb angeregt, so daß dem Verkahlen vorgebeugt wird.

Der **Erziehungsschnitt** des Pfirsichspaliers ist darauf auszurichten, daß die vorgegebene Spalierfläche ausgenutzt wird und ausreichend wahre Fruchttriebe sowie Holztriebe an der Basis gebildet werden. Dabei geht der Erziehungsschnitt nahtlos in den **Fruchtholzschnitt** über.

Durch den Fruchtholzschnitt wird zum einen die Bildung von neuem basalen Fruchtholz angeregt, zum anderen wirkt er regulierend auf den Fruchtansatz.

Im unteren Kronenbereich sind pro Fruchttrieb nicht mehr als sechs Fruchtansätze zu belassen. Im oberen Kronenbereich werden die Fruchttriebe noch stärker eingekürzt. Auch beim Pfirsichspalier soll eine breitpyramidale Kronenform eingehalten werden.

Der **Erneuerungs- oder Verjüngungsschnitt** wird bei starker Vergreisung der Krone oder bei Absterben von Kronenpartien erforderlich. In diesem Fall wird auf basales jüngeres Holz zurückgeschnitten.

Die günstigste Schnittzeit für den Fruchtholzschnitt ist nach der Blüte, weil dabei auch gleich der Ausdünneffekt zur Wirkung kommt.

Der Verjüngungsschnitt ist unmittelbar nach der Ernte durchzuführen, da in dieser Zeit die Schnittwunden gut verheilen. Für den Erziehungsschnitt ist das Frühjahr der beste Zeitpunkt, wobei Erziehungs- und Fruchtholzschnitt kombiniert nach der Blüte durchgeführt werden.

Sortenempfehlung

Ein wichtiger Faktor, vor allem für die Sortenwahl bei Pfirsich, dürfte aus Verbrauchersicht die Farbe des Fruchtfleisches sein. Aufgrund dieses Merkmales sind Pfirsiche in zwei Gruppen einzuteilen, in weiß- und in gelbfleischige Sorten. Beide Gruppen besitzen Vor- und Nachteile im Anbau, bei den Pflegemaßnahmen sowie bei den Verbrauchseigenschaften.

Darüber hinaus bestimmt die Steinlösbarkeit über den Anbauwert der Pfirsichsorte. Aus der Fülle der uns heute bekannten und zur Verfügung stehenden Sorten sollen deshalb nur wenige im langjährigen Anbau erprobte und bewährte Sorten genannt werden.

'Alexander' ist eine amerikanische Sorte, die vor über 100 Jahren entstanden ist. Sie reift etwa Ende Juli. Der Baum wächst mittelstark bis stark aufrecht.
Die Frucht hat weißes, saftiges, leicht würziges Fruchtfleisch, welches sich nicht vom Stein löst. Diese Sorte ist deshalb nur für den Frischverzehr geeignet. Das Ertragspotential ist mittelmäßig.

'Naundorfer' ist eine Auslese aus kernecht angebauten Pfirsichen. Die Sorte ist gut für leichtere Böden geeignet. Ihr Wuchs ist stark, breit pyramidal und neigt zur Verkahlung. Die Reifezeit ist spät und liegt zwischen Anfang und Mitte September. Die Frucht hat gelblich weißes Fleisch, ist gut steinlösend und von aromatischem herzhaftem Geschmack.

'Red Haven' ist ebenfalls eine amerikanische Sorte. Die Reife erfolgt mittelfrüh in der zweiten Augusthälfte. Der Baum wächst stark, neigt aber zum Verkahlen. Die Ertragsleistung ist hoch. Die mittelgroßen Früchte sind gelb gefärbt, teils rot gestreift bzw. überzogen. Ihr Säuregehalt ist gering. Die Steinlösbarkeit ist gut, so daß eine sehr gute Eignung zur Konservierung besteht.

'South Haven' ist eine gelbfleischige amerikanische Sorte. Die Reife liegt Mitte August bis Anfang September. Der Ertrag ist regelmäßig und hoch. Die Früchte sind orangerot gefärbt. Die einjährigen Triebe sind sehr biegsam und lassen sich gut formieren.

Früchte der Pfirsichsorte 'Red Haven'.

'Vorgebirgspfirsich', auch als 'Kernechter vom Vorgebirge' oder 'Roter Ellerstädter' bekannt, ist ebenfalls eine Auslese aus kernecht angebauten Pfirsichen. Der Wuchs ist mittel bis stark, breit- bis hochpyramidal. Die Sorte neigt zur Verkahlung.

Die Frucht hat weißliches Fleisch von säuerlich-süßem, aromatischem Geschmack und reift spät (Mitte bis Ende September).

Pflegemaßnahmen

Bodenpflege und Düngung entsprechen der von Aprikosen. Allerdings ist beim Pfirsich der Wasserbedarf zur Fruchtentwicklung höher als bei Aprikosen.

Pfirsiche leiden häufig unter dem Befall von Krankheiten und Schaderregern. Außer der Valsakrankheit, die bereits bei der Aprikose beschrieben wurde, sind es von den tierischen Schaderregern vor allem **Blattläuse**, welche die Entwicklung des Gehölzes in erheblichem Maße stören. Durch die Saugtätigkeit der Läuse kommt es zu Triebstauchungen und Kümmerwuchs. Im Ergebnis reicht die Blattfläche zur Ernährung der Früchte nicht aus, und für das Folgejahr wird die normale Entwicklung des Fruchtholzes unterbunden.

Eine ausgesprochene Pfirsichkrankheit ist die **Kräuselkrankheit**. Der Pilz überwintert im Holz und in der Rinde, so daß die bereits austreibenden Blätter befallen sind und sich kräuseln. Bei starkem Befall kommt es zu blasenarten Auftreibungen des Blattes. Diese Krankheit kann im Frühjahr zur Zeit des Knospenschwellens erfolgreich mit Kupferpräparaten bekämpft werden.

Zur Zeit der Fruchtreife kommt es bei feuchter Witterung an den Pfirsichen zu **Fäulniserscheinungen**, die durch den Moniliapilz hervorgerufen werden. Besonders eng beieinander oder in Büscheln hängende Früchte sind dadurch gefährdet.

Letztlich soll gerade für Pfirsichspaliere der **Pfirsichmehltau** nicht unerwähnt bleiben. Durch den exponierten Standort am Hausspalier tritt er hier am häufigsten auf. Blätter und Triebe zeigen einen mehlartigen Überzug. Da der Pilz vorwiegend in den Knospen überwintert, ist im zeitigen Frühjahr eine Bekämpfung mit Schwefelpräparaten vorteilhaft.

Süß- und Sauerkirschen

Die Süßkirsche stammt von der Vogelkirsche, *Prunus avium*, ab. Der Habitus der Vogelkirsche ist von einer durchgängigen Mittelachse, Stamm und Stammverlängerung, geprägt. Das Wachstum ist sehr stark und durch eine besondere Förderung der Spitzenknospen charakterisiert.

Diese Eigenschaften sind auf die uns bekannten Süßkirschensorten vererbt. Süßkirschen sind selbststeril, d.h., in der Nachbarschaft müssen Befruchtersorten stehen.

Stammform der Sauerkirsche ist die Steinweichsel, *Prunus mahaleb*. Diese besitzt keine ausgeprägte Stammbildung, sondern wächst sehr ausladend mit einer reichlichen Verzweigung. Während Süßkirschen eine geringere Verzweigung aufweisen und einen aufstrebenden Wuchs haben, sind Sauerkirschen, insbesondere die am meisten verbreitete Sorte 'Schattenmorelle', durch gute Verzweigung aber auch erhöhte Verkahlung der Äste charakterisiert.

Dadurch sind beide Steinobstarten keine idealen Objekte für eine Spaliererziehung.

Erziehung und Schnitt

Im Intensivobstbau sind bei Süßkirschen Erziehungsformen entwickelt worden, die es ermöglichen, das Wachstum der Bäume in Grenzen zu halten. Voraussetzung dafür ist jedoch, daß das Wachstum durch schwachwachsende Unterlagen reduziert oder eine Begrenzung durch einen sehr hohen Schnittaufwand erreicht wird. Dies ist gleichzeitig Grundbedingung für eine **heckenförmige Kronengestaltung** mit einer Gerüstastserie oder einer dominanten Mittelachse der Süßkirsche, die, auf *Prunus avium* okuliert, einen sorteneigenen Stamm bildet. Die Seitenäste sind in einem mehr waagerechten Winkel angeordnet, was der Grundform eines **senkrechten Kordons** entspricht.

Der Versuch, bei Süßkirschen als Kronenveredlung (Kopulation) die Gerüstäste zu formieren, erscheint aussichtslos. Das sehr starke Dickenwachstum und ständige Bestreben der Äste, senkrecht zu wachsen, würde im wahrsten Sinne des Wortes jeden Rahmen sprengen.

Sauerkirschenspalier.

Wird für die Süßkirsche der Kordon als Erziehungsform gewählt, so sind die untersten Seitenäste möglichst waagerecht am Spalier zu befestigen. Dadurch wird das Spitzenwachstum dieser Triebe unterbunden. Die Knospen entwickeln sich zu Bukettsprossen, welche Blütenknospen tragen. Da die Bukettsprosse aber auch mit Blattknospen besetzt sind, können sich aus diesen Triebe entwickeln. Diese Triebe sind bereits im krautigen Zustand zu entspitzen. Durch diesen Sommerschnitt wird das Wachstum gebremst und eine weitere Blütenknospenbildung angeregt. Alle über der untersten Gerüstastserie befindlichen Triebe sind soweit einzukürzen, daß eine pyramidale Form entsteht.

Bei Erreichen der Spalierhöhe wird die Stammverlängerung auf einen waagerechten stehenden Seitenast abgeleitet. Gelangen die Seitenäste über die seitliche Begrenzung des Spaliers, kann ohne Bedenken in das Altholz auf einen Bukettsproß zurückgeschnitten werden. Dadurch wird die Blattknospe des Bukettsprosses zum Austrieb angeregt.

Sauerkirschen sind sowohl als Kronenveredlung als auch als Okulat zur Spaliererziehung geeignet. Je nach Spalierhöhe sind ein bis zwei Gerüstastserien aufzubauen. Die Gerüstäste sind schräg aufwärts am Spalier zu formieren. Diese Grundform entspricht in etwa der **Fächerform**.

Bei der Sauerkirsche, besonders bei der Sorte 'Schattenmorelle', ist durch Schnittmaßnahmen das Verkahlen der fruchttragenden Triebe zu verhindern.

Besonders kürzere Triebe haben nur an ihrer Spitze und an der Basis vegetative Knospen. Die anderen sind Blütenknospen. Ohne Schnittmaßnahmen wird das Wachstum nur über die Spitzenknospen fortgeführt. Der mit Blütenknospen besetzte Trieb ist nach der Ernte verkahlt (Peitschenbildung).

Durch einen jährlichen Fruchtholzschnitt wird die Peitschenbildung verhindert und die Ertragszone bleibt an der Basis erhalten.

Sortenempfehlung

Aufgrund der sehr vielen lokal bedeutsamen Sorten ist es schwierig für Süßkirsche eine Sortenempfehlung zu geben, außerdem sind die Befruchtungsverhältnisse zu beachten. Bei den stark wachsenden Süßkirschen wird es nicht immer möglich sein, mehrere Bäume nebeneinander zu setzen.

Die Sortenempfehlung beschränkt sich somit auf wenige und durch ein etwas geringeres Wachstum zu charakterisierende Sorten.

'Sam' ist eine kanadische Sorte, die in den sechziger Jahren zum Versuchsanbau nach Europa gelangte. Der Baum wächst mittelstark mit schräg aufrecht stehenden Gerüstästen. Der Ertrag setzt früh ein. Die Reifezeit liegt Anfang bis Mitte Juli. Die Früchte sind länglich kurzförmig und von braunroter bis schwarzroter Farbe. Das Fruchtfleisch ist fest und knorpelig und von süßsäuerlichem Geschmack. Die Früchte sind außerordentlich platzfest.

'Starking Hardy Giant' wurde als Sämling unbekannter Herkunft in den USA entdeckt. Der Baum wächst mittelstark mit schräg aufrecht stehenden Gerüstästen. Der Ertrag setzt früh ein und ist sehr hoch. Die Sorte stellt hohe Ansprüche an den Standort und bevorzugt warme Lagen. Die Reife beginnt ab Mitte Juli. Die Früchte sind von süßem, schwach säuerlichem Geschmack und braunroter Farbe. Das Fruchtfleisch ist knorpelig und hat einen färbenden Saft.

'Teickners Schwarze Herzkirsche' ist eine Sorte, die um 1920 im Harz als Zufallssämling gefunden wurde. Der Baum wächst mittelstark bis stark. Die Gerüstäste stehen schräg bis schräg aufrecht. Die Sorte ist für tiefgründige Böden ebenso geeignet

wie für leichtere sandige Böden. Die Reifezeit beginnt in der letzten Junidekade und reicht bis in die erste Juliwoche. Die Früchte sind schwarzbraun und haben weiches Fruchtfleisch. Der Geschmack ist süß, leicht säuerlich und schwach würzig.

'Van' ist ebenfalls eine kanadische Sorte, die in den sechziger Jahren in Europa Einzug hielt. Der Baum wächst nur in den ersten Standjahren stark. Die Gerüstäste sind aufrecht wachsend. Die Verzweigungsdichte ist sehr hoch, und das Seitenholz steht waagerecht. Der Ertrag kann bereits ab dem dritten Standjahr einsetzen und ist sehr hoch und gleichmäßig. Die Reifezeit liegt etwa Mitte Juli. Die rotbraunen Früchte haben ein festes knorpeliges Fruchtfleisch. Der Geschmack ist sehr ausgewogen und von einem harmonischen Zucker-Säure-Verhältnis gekennzeichnet. Nachteilig sind die hohe Neigung

Knorpelkirsche 'Van'.

Befruchtungsverhältnisse bei ausgewählten Süßkirschensorten

Sorte	Sam	Starking Hardy Giant	Teickners Schwarze Herzkirsche	Van	Vic
Sam	–	🟠	🟠	🟠	🟢
Starking Hardy Giant	🟠	–	?	🟠	🟠
Teickners Schwarze Herzkirsche	🟠	?	–	🟢	🟠
Van	🟠	🟠	🟢	–	🟠
Vic	🟢	🟠	🟠	🟠	–

Erläuterung:
– selbstunfruchtbar
🟢 gegenseitige Befruchtung nicht möglich
🟠 gegenseitige Befruchtung möglich
? Befruchtungsverhältnis nicht geklärt

Seite 102/103: Sauerkirschensorte 'Morina'.

der Früchte zum Platzen und die starke Fäulnis bei hoher Feuchtigkeit sowie bei der Ernte der außerordentlich kurze Fruchtstiel.

'Vic' ist eine kanadische Züchtung aus den Sorten 'Bing' und 'Schmidt'. Ihr Wuchs ist nur mittelstark. Das Seitenholz sitzt hängend an den steil aufrecht stehenden Gerüstästen. Der Ertrag setzt früh ein. Die Reifezeit beginnt in der letzten Julihälfte. Die Früchte sind braunrot, fest und von knorpeligem Fleisch. Der Geschmack ist süßsäuerlich. Die Sorte ist hinsichtlich des Standortes recht anspruchslos und auch noch für kühlere Standorte geeignet.

Selbstfertile Süßkirschensorte 'Sunburst'.

Da die oben genannten Süßkirschen selbststeril sind, müssen in der Nachbarschaft Befruchtersorten stehen. In der Tabelle Seite 101 sind deshalb für diese empfohlenen Sorten die Befruchtungsverhältnisse dargestellt.

Sind in der Nachbarschaft keine geeigneten Befruchter vorhanden oder reicht der gewählte Standort nicht für die zusätzliche Pflanzung einer Befruchtersorte aus, besteht auch die Möglichkeit, eine selbstfruchtbare Sorte zu pflanzen. Es sind folgende Sorten zu empfehlen:

'Sunburst' ist eine kanadische Züchtung. Der Wuchs ist mittelstark. Die Früchte sind relativ weich und platzanfällig. Die Reifezeit liegt etwa Mitte Juli.

'Lapins' ist ebenfalls eine kanadische Züchtung mit einem mittelstarken Wuchs. Die Pflückbarkeit ist bei den dicht gedrängt sitzenden Früchten mit Schwierigkeiten verbunden. Nachteilig wirkt sich die hohe Platzempfindlichkeit aus.

Bei den Sauerkirschen hat die **'Schattenmorelle'** die größte Anbaubedeutung. Die Sorte ist selbstfruchtbar. Ihr Wuchs ist nur in der Jugend stark. Sie neigt sehr stark zum Verkahlen. Durch Schnitt ist für eine ständige Regeneration der einjährigen Fruchttriebe zu sorgen. Die Reifezeit liegt zwischen Ende Juli bis Anfang August.

'Morellenfeuer' mit dem Synonym 'Kelleriis 16' ist eine dänische Sorte.

Der Wuchs ist mittelstark und in den Anfangsjahren sehr stark aufrecht. Das Holz ist sehr brüchig. Die Reifezeit liegt zwischen Mitte und Ende Juli. Die Sorte ist selbstfruchtbar. Die dunklen bis dunkelbraunroten Früchte haben einen süßsauren Geschmack, dem oft das typische Sauerkirschenaroma fehlt. Die Früchte lösen sich auch bei Vollreife nur schlecht vom Fruchtstiel und saften deshalb beim Pflücken.

Sauerkirschensorte 'Morellenfeuer'.

'Morina' stammt aus der Züchtungsarbeit des Institutes für Obstforschung Dresden-Pillnitz. Der Wuchs ist mittelstark. Die Neigung zur Verkahlung ist sehr gering. Die Fruchtbildung erfolgt auch an Kurztrieben. Die Reifezeit liegt etwa Mitte Juli. Die rotbraun gefärbten Früchte sind wohlschmeckend und vielseitig verwertbar.

Pflegemaßnahmen

Süß- und Sauerkirschen verlangen gut erwärmbare, tiefgründige und nährstoffreiche Böden. Für Bodenpflegemaßnahmen, Düngung und Bewässerung gilt analog das bereits für Aprikosen und Pfirsiche Gesagte.

Süßkirschen werden gleichfalls von Rindenkrankheiten befallen. Hinzu kommt, daß die Früchte sehr platzempfindlich sind und der Ertrag durch Vogelfraß dezimiert wird. Bei Sauerkirschen tritt sehr häufig die Monilia-Spitzendürre auf. Diese Pilzkrankheit befällt einjährige Triebe, die absterben. Ursache sind meist im Vorjahr von Monilia befallene Früchte.

Seite 106/107: Ein altes Rebenspalier an einem Wohnhaus. Es gewährleistet im Sommer Kühle im Haus.

Spezielle Anforderungen für Beerenobst

Hier sollen Obstarten beschrieben werden, die botanisch gesehen unterschiedlichen Familien angehören, deren Früchte allerdings im botanischen Sinne Beeren sind.

Die Beerenfrucht ist dadurch gekennzeichnet, daß die einzelnen Samen im Fruchtfleisch eingebettet sind, welches von einer fleischig saftigen Fruchtschale umgeben ist. Die Fruchtstände können Einzelfrüchte, Trauben oder auch Rispen sein.

Der natürliche Wuchs der Beerenobstarten ist in der Regel strauchartig. Das bedeutet für eine Spaliererziehung einen weitaus größeren Arbeitsaufwand als bei Obstbäumen. Bis auf Aktinidien und Reben sind deshalb die anderen Beerenobstarten nur für kleine und niedrige Spaliere geeignet.

Aktinidie

Die wohl wichtigste Ausgangsform großfrüchtiger Sorten ist *Actinidia chinensis (Kiwi)*, auch unter der deutschen Bezeichnung 'Chinesische Stachelbeere' oder 'Chinesischer Strahlengriffel' bekannt. Das Herkunftsgebiet dieser Art ist Ostchina.
Aktinidien sind linksdrehende Schlingpflanzen und benötigen zum Emporwinden eine Stütze. Ihr natürliches Wachstum ist strauchartig. Durch geeignete Erziehungs- und Schnittmaßnahmen kann der erste Trieb zu einem Stamm gebildet werden.

Kleinfrüchtige, aber nicht weniger wertvolle Arten, die aufgrund ihrer Frostverträglichkeit für die Züchtung Bedeutung haben, sind vor allem:

- *Actinidia arguta* aus Japan und der Ostmandschurei sowie
- *Actinidia kolomikta*, die in Japan, in der Mandschurei, im Amurgebiet und in China vorkommt.

Für einen Freilandanbau unter unseren mitteleuropäischen Bedingungen mit kontinentalen Klimaeinflüssen sind Sorten der Art *Actinidia chinensis* aufgrund ihrer Anfälligkeit für Spätfröste zur Zeit des Austriebes und Frühfröste zur Zeit der Fruchtreife kaum geeignet. Der Anbau wird auf Dauer nur bei Sorten der Arten *A. arguta* und *A. kolomikta* erfolgreich sein.

Zu beachten ist, daß die Aktinidien zweihäußig sind, d.h., es wird eine männliche Pflanze zur Bestäubung benötigt. Die männliche Pflanze muß aber nicht am Spalier erzogen werden. Es genügt, wenn sie in der Nähe der weiblichen Pflanze steht. Sie kann strauchartig erzogen werden. Aus Gründen der Platzersparnis kann sie nach der Blüte stark zurückgeschnitten werden.

Erziehung und Schnitt

Die Pflanzen benötigen in diesem Fall keinen Stamm. Die aus dem Wurzelhals entspringenden Triebe werden fächerartig an das Spalier herangeführt. Einmal an das Spalier angeleitet, erübrigt sich ein ständiges Anbinden der Triebe, da diese selbständig durch linksdrehende Windungen um das Spaliermaterial einen festen Halt finden.

Auch die **Pergolenerziehung** ist eine Erziehungsform, welche sich für Aktinidien sehr gut eignet. Die Pflanzen sind dann mit einem Stamm zu erziehen. Die unteren Leitäste werden wie beim freien Fächer erzogen. Seitentriebe der oberen Leitäste werden zur Bedeckung der Pergola genutzt. Die Leitäste seitlich und oberhalb der Pergola bilden zukünftig Altholz als Basis für fruchttragendes Seitenholz. Die waagerechten Drähte sind im Abstand von 80 bis 100 cm am Gerüst zu ziehen. Der Pflanzenabstand sollte aufgrund des starken Wachstums nicht unter 3,00 m gewählt werden.

Actinidia arguta und *A. kolomikta* sind von Natur aus mehr strauchartige Schlingpflanzen. Für ihre Erziehung als Spalier eignet sich deshalb am besten die **Form des freien Fächers**.

Aktinidien sind einem regelmäßigen Schnitt zu unterziehen. Kann das nicht gewährleistet werden, wachsen die begünstigten Triebe meterlang, was aufgrund der Verkahlung unerwünscht ist. Gerade bei dieser Obstart ist deshalb während der Vegetationszeit ein mehrmaliges Einkürzen der Sommertriebe notwendig. Diese Maßnahme begünstigt eine frühzeitige Fruchtbarkeit, da vor allem die drei bis vier basalen Knospen Fruchtzweige hervorbringen. Außerdem wird eine gute Verzweigung erzielt. Konkurrierende Triebe sind gänzlich zu entfernen.

Im Ertragsstadium befindliche Pflanzen werden während des beginnenden Frühjahres geschnitten. Dabei orientiert man sich auf einen Fruchtastumtrieb im dreijährigen Rhythmus. Es werden abgetragene Fruchtäste gegen junge ausgetauscht, indem die abgetragenen Äste auf Astring entfernt werden. Neutriebe, die in diesem Zyklus benötigt werden, sind zu schonen und am Spalier anzuheften.

Um ausreichend Neutriebe zum Fruchtastumtrieb – vor allem an der Basis – zu erhalten, sind während der Vegetationszeit fruchttragende Triebe erstmalig vier bis fünf Augen hinter der letzten Frucht einzukürzen. Der sich später neu entwickelnde Austrieb wird wiederum eingekürzt. Allerdings sind dann zwischen beiden Schnittstellen nur ein bis zwei Augen Distanz. Durch diesen ständig unterbrochenen Assimilatestrom werden vorrangig die Basisknospen zum Austrieb angeregt, und ein Abwandern der Ertragszone in Richtung Peripherie wird verhindert.

Sortenempfehlung

Kiwi als Hausspalier.

Von *Actinidia chinensis* (Kiwi) sind vor allem die großfrüchtigen Sorten 'Hayward', 'Abbatt', 'Bruno' und 'Monty' im Anbau. Unter den klimatischen Verhältnissen in Deutschland ist beispielsweise der Freilandanbau im wärmebegünstigten Rheintal von geringerem Risiko.

Die Sorte **'Hayward'** blüht spät. Damit liegt die Fruchtreife erst im November. Ihr Wuchs ist mittel bis stark. Die Früchte sind groß und bis zu 100 g schwer, und die Schale ist stark behaart. Es ist die bekannteste Sorte unter den Kiwis.

Für frostgefährdete Standorte sind die Wildformen *Actinidia arguta* und *A. kolomikta* zu empfehlen. Diese beiden Arten haben kleine, 2 bis 3 cm große stachelbeerähnliche Früchte. Sie sind glattschalig und von süßsäuerlichem Geschmack. In ihrem gesundheitlichen Wert stehen sie ihren großfrüchtigen Verwandten nicht nach.

Von der Art *A. arguta* sind folgende Sorten zu empfehlen:
'Beauty Red' ist kräftig wachsend. Die Reifezeit liegt Mitte bis Ende September. Die Füchte sind zylindrisch geformt und traubenartig angeordnet. Kurz vor der Reife verfärben sie sich rötlich.

'Weiki' ist eine in Weihenstephan gezüchtete Sorte, die teilweise selbstfruchtbar ist. Die Blütezeit ist spät, so daß es kaum eine Spätfrostgefährdung gibt. Die Früchte sind grün mit rötlichem Anflug und von sehr gutem Geschmack. Die Reifezeit liegt Anfang Oktober.

Von der Art *A. kolomikta* kann die Sorte **'Klara Zetkin'** empfohlen werden. Sie ist mittelstark wachsend und früh reifend. Die Früchte sind groß, hellgrün und haben einen süßen Geschmack.

Pflegemaßnahmen

Aktinidien reagieren sehr empfindlich auf Wasser- und Nährstoffkonkurrenz. Es ist deshalb auf jeden Fall darauf zu achten, daß der Boden im Stammbereich frei von allem Bewuchs ist. Positiv wirkt sich eine Bodenbedeckung aus organischem Material aus. Gegenüber Schaderregern und Krankheiten können Aktinidien allgemein als resistent eingeschätzt werden. Das hängt nicht zuletzt damit zusammen, daß die Aktinidie in unseren Breiten nicht so häufig vorkommt und somit ihre natürlichen Gegenspieler in Form von Krankheiten oder Schaderregern in gleichem Maße nicht so häufig auftreten.

Bei der Düngung ist stets darauf zu achten, daß die Bodenreaktion im sauren Bereich bleibt. Deshalb sei vor der Verwendung von kalkhaltigem Mineraldünger gewarnt.

Dennoch können bei der Aktinidie Schaderreger und Krankheiten auftreten, die uns auch von anderen Obstarten bekannt sind. Deshalb sollte bei allen Pflegemaßnahmen auf die nachfolgend dargestellten Krankheiten oder Schaderreger geachtet werden:

Von den tierischen Schaderregern betrifft dies insbesondere Blatt- und Schildläuse. Ähnlich wie beim Pfirsich verursachen **Blattläuse** Triebstauchungen und Blattdeformationen, die Wachstumsdepressionen zur Folge haben. Zum anderen werden die Früchte durch den abgesonderten Honig- und Rußtau unansehnlich. Pflanzenschutzmaßnahmen gegen den Befall sind unerläßlich.

Schildläuse sind am Gehölz ortsgebunden, können aber bei häufigem Auftreten durch ihre Saugtätigkeit auf den behaarten Trieben und auch Früchten nicht nur lästig werden, sondern gleichfalls zu Kümmerwuchs führen. Schildläuse lassen sich am besten durch Abkratzen entfernen.

Unter unseren klimatischen Bedingungen sind häufig Erkrankungen im Veredlungsbereich beobachtet worden (in ihrem Erscheinungsbild ähneln sie der Kragenfäule des Apfels). In diesem Bereich kommt es zu **Wucherungen**, die Rindenablösungen zur Folge haben. Der dadurch gestörte Assimilatefluß kann zum Totalausfall der Pflanze führen. Die Ursachen, die zu dieser Erkrankung führen können, sind nicht restlos geklärt. Es ist aber durchaus denkbar, daß es unter unseren klimatischen Verhältnissen während der Winterperiode aufgrund stark schwankender Temperaturen und Feuchtigkeitsverhältnisse zu derartigen Symptomen kommt, die an die Maukeerkrankung von Rebstöcken erinnern. **Pilzkrankheiten** treten vor allem in Form von *Botrytis* (Grauschimmel), *Verticillium*-Welke und *Sklerotinia* auf.

Zur Vorbeugung von Pilzkrankheiten sei gesagt, daß möglichst jede Verletzung von Pflanzenteilen vermieden werden sollte. Jede Beschädigung oder Verletzung von Pflanzenteilen begünstigt den Befall mit Pilzkrankheiten, besonders bei vorherrschend warmer und feuchter Witterung.

Johannisbeere und Stachelbeere

Johannisbeere und Stachelbeere gehören zur Gattung *Ribes*, die in mehrere Untergattungen gegliedert wird und die den Steinbrechgewächsen (Saxifragaceae) zuzuordnen ist.

Die weiß und rotfrüchtigen Kultursorten stammen von den in Eurasien beheimateten Wildarten *Ribes rubrum* L., *Ribes petraeum* Wulf und *Ribes sativum* Syme ab.

Der Wuchs von *R. rubrum*, Rote Johannisbeere, ist stark und rundlich gedrungen. Die Kultursorten der Schwarzen Johannisbeere, *R. nigrum*, haben ein stärkeres Wachstum als die Stammform. Allerdings sind die Befruchtungsverhältnisse bei Schwarzen Johannisbeeren etwas problematisch, was häufig zu Mindererträgen durch Verrieselung führt.

Bei der Schwarzen Johannisbeere ist die Blütenfrostempfindlichkeit höher einzustufen. Befriedigende Erträge werden nur erzielt, wenn mindestens zwei verschiedene Sorten nebeneinander stehen.

Johannisbeeren verlangen nährstoffreiche Böden mit einer ausreichenden Wasserhaltekraft. Auf Trockenperioden reagieren sie genauso empfindlich wie auf Staunässe.

Die Stachelbeere kommt als Wildform in verschiedenen Gebieten des Mittelmeerraumes und in Eurasien vor. Die Kultursorten sind der Art *Ribes uvacrispa* L. zuzuordnen. Die Stachelbeere ist selbstfruchtbar, allerdings ist der Pollen häufig früher reif, als die Narben empfängnisbereit sind. Deshalb empfiehlt es sich, mehrere Sorten nebeneinander zu pflanzen. Stachelbeeren lieben halbschattige Standorte mit mittelschwerem bis schwerem Boden und ausreichender Nährstoffversorgung. Zu vermeiden sind windoffene Lagen und Standorte mit einer Hangneigung von mehr als 10 %. Frostlagen sind für diese Beerenobstarten generell auszuschließen. Bei langanhaltender Trockenheit kommt es zu Blattfall und Kleinfrüchtigkeit.

Erziehung und Schnitt

Johannis- und Stachelbeeren können als Strauch, Fuß- oder Hochstämmchen angebaut werden, wobei die Spaliererziehung die intensivste Form des Anbaus ist. Dazu sind vor allem starkwüchsige Sorten geeignet.

Der Pflanzabstand sollte 80 bis 100 cm betragen. Vorteilhaft für die Erziehung am Spalier ist die Entwicklung des Gehölzes mit einem Fußstämmchen von etwa 30 cm. Die unteren Gerüstäste werden am Spalierdraht angebunden. Sie sind ausreichend mit Fruchtästen zu garnieren. Je nach gewünschter Höhe des Spaliers wird die Stammverlängerung etwa 40 cm lang über der untersten Gerüstastserie belassen. Damit besteht die Möglichkeit der Bildung einer weiteren Gerüstastserie. Je nach Sorte ist ab dem dritten bis vierten Standjahr ein strenger Fruchtholzschnitt durchzuführen. Dabei ist für eine ständige Regeneration des Fruchtholzes zu sorgen.

Johannisbeeren können aber auch in Form eines freien Spaliers erzogen werden. Dazu sind nach der Pflanzung drei bis fünf kräftige Gerüstäste auf eine Höhe von 1,70 m zu ziehen. Alle Triebe, die sich aus der Basis entwickeln, werden im krautigen Zustand entfernt. Die Entwicklung kräftiger Seitentriebe an den Gerüstästen muß unterbunden werden. Es soll nur ausreichend schwächeres Seitenholz zur Fruchtbildung belassen werden.

Johannisbeeren als Spindeln erzogen.

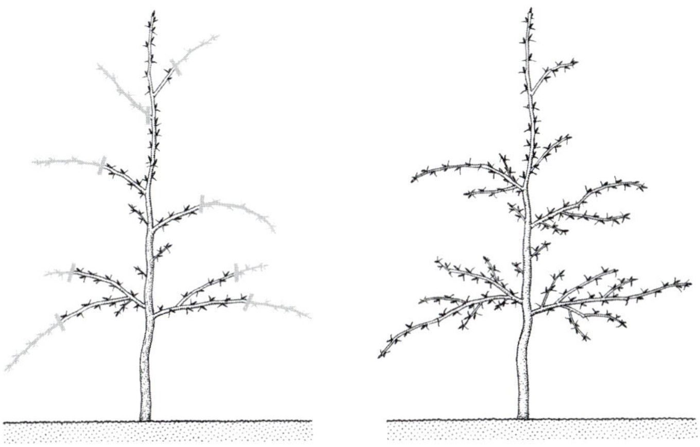

Erziehung eines Stachelbeerspalieres. Links der Rückschnitt zur Bildung der Seiterverzweigung (rechts).

Reicher Fruchtbehang an einer Johannisbeerhecke.

Der Erziehungsschnitt besteht aus dem Pflanzschnitt und dem Schnitt vor dem zweiten Austrieb.

Der **Pflanzschnitt** ist für ein gutes Anwachsen notwendig. Dabei werden überflüssige Triebe entfernt. Beim Fußstämmchen als Erziehungsform genügen für das Spalier zwei Triebe als zukünftige Gerüstäste sowie eine Stammverlängerung. Diese Triebe werden auf etwa $^1/_3$ ihrer Länge eingekürzt.

Beim Schnitt nach dem zweiten Austrieb wird nochmals stark in die Kronenentwicklung eingegriffen. Alle einjährigen Triebe, die nicht als Fruchtholz benötigt werden, werden gänzlich entfernt. Die Fruchttriebe werden auf $^1/_3$ der Länge eingekürzt. Sofern das Spalier den Aufbau einer zweiten Gerüstastserie zuläßt, sind die obersten Austriebe der Stammverlängerung am Spalierdraht anzubinden.

Der **Instandhaltungsschnitt** ist bereits vom zweiten Standjahr an in den Aufbau des Spaliers einzubeziehen. Ständig muß die Bildung von Jungtrieben angeregt werden. Überflüssige Jungtriebe werden entfernt. Es ist eine gleichmäßige Garnierung der Gerüstäste mit Fruchtholz anzustreben.

Sortenempfehlung

Von den **rotfrüchtigen Johannisbeersorten** sind folgende für eine Spaliererziehung geeignet:

'Jonkheer van Tets' hat einen mittelstarken bis starken Wuchs. Die Gerüstäste stehen aufrecht und besitzen ein gutes Regenerationsvermögen. Die Traube ist lang, neigt aber auch zum Verrieseln. Die Sorte ist frühreifend. Die Ansprüche an den Standort sind nicht übermäßig hoch. Für Spätfrostlagen ist sie jedoch nicht geeignet.

'Red Lake' wächst mittelstark. Die Anzahl der Basistriebe ist gering. Die Trauben sind lang und neigen fast nur an der Spitze zum Verrieseln. Die Fruchtreife ist mittelfrüh und reicht von Anfang bis Mitte Juli, etwa vier bis fünf Tage nach 'Jonkheer van Tets'. Die Sorte ist für leichte bis mittelschwere Böden geeignet, reagiert aber empfindlich bei zu hohem Kalkgehalt.

'Stanza' ist eine sehr stark wachsende Sorte. Die Gerüstäste stehen aufrecht. Das Seitenholz ist kurz zu schneiden, da sonst die Fruchtansätze zu klein bleiben. Die Sorte reift mittelfrüh, Mitte bis Ende Juli. Die Trauben sind lang und haben nur eine geringe Neigung zum Verrieseln. Die Sorte stellt an den Boden sehr hohe Ansprüche.

Von den **schwarzfrüchtigen Johannisbeeren** können für eine Spaliererziehung empfohlen werden:

'Roodknop' wächst stark und benötigt wenig Schnittaufwand. Die Blüte ist weniger spätfrostgefährdet als bei anderen schwarzen Johannisbeeren. Die Trauben sind kurz bis mittellang, zum Teil hängen sie in Büscheln. Auf schweren Böden reifen die Früchte etwas folgernd. Die Reife ist früh bis mittelfrüh.

'Tinker' hat stark wachsende, schräg aufrechtstehende Gerüstäste. Die Widerstandsfähigkeit gegenüber Spätfrost ist gut. Die Sorte verlangt feuchte, nährstoffreiche Standorte. Die Reife beginnt ab Mitte Juli.

'Titania' ist eine stark wachsende Sorte. Sie ist sehr fruchtbar. Die Ansprüche an Klima und Lage sind nicht sehr groß, wobei Frostlagen vom Anbau auszuschließen sind. Gegenüber Schädlingen ist die Sorte sehr anfällig für Blattläuse und Rote Spinne. Gegenüber Mehltau, Rost und Blattfallkrankheit besteht Resistenz.

Von den **Stachelbeeren** sind zu empfehlen:

'Invicta' verlangt mittelschwere, nährstoffreiche Böden mit guter Wasserversorgung. Die Sorte ist starkwüchsig. Es liegt keine vollkommene Mehltauresistenz vor, wobei sich der Befall mit Mehltau vornehmlich auf die Triebe beschränkt. Die großen weißlich-grünen Beeren reifen mittelfrüh und etwas folgernd.

'Reflamba' verlangt Standortansprüche wie 'Invicta'. Der Wuchs ist sehr stark und sparrig. Ihre Anfälligkeit gegenüber Mehltau ist sehr gering. Die Früchte sind grasig-grün und glatt. Die Sorte reift mittelspät. Ihre Platzneigung ist sehr gering.

'Rolanda' wächst mittelstark und bildet lichte Kronen. Die Sorte ist sehr widerstandsfähig gegenüber Mehltau. Die Reife der dunkelrot gefärbten Früchte ist spät.

Pflegemaßnahmen

Johnnisbeeren und Stachelbeeren sind Flachwurzler. Die Hauptwurzelmasse befindet sich in der Bodenschicht ab 20 cm. Es darf deshalb keine tiefe Bodenbearbeitung bis in diesen Bereich vorgenommen werden. Durch das **Aufbringen einer Mulchschicht** wird der Unkrautbewuchs verhindert, einer Verschlämmung des Bodens vorgebeugt und die Schattengare gefördert.

Bei **mineralischer Düngung** ist auf den Einsatz chloridarmer Dünger zu achten, denn diese Beerenobstarten gehören zu den chloridempfindlichen Kulturen. Auf leichten Böden ist oftmals eine **Zusatzbewässerung** unerläßlich. Der Bewässerungszeitraum liegt zwischen Blühende und beginnender Fruchtreife. Bewährt hat sich eine Furchenbewässerung. Dabei wird das Wasser über Furchen an den Wurzelbereich geleitet.

Johannis- und Stachelbeeren werden sowohl von tierischen Schaderregern als auch von Pilzkrankheiten befallen. **Pflanzenschutzmaßnahmen** sind deshalb unerläßlich.

Bei Johannisbeeren treten häufig Gallmilben auf. Diese schädigen die Knospen (Johannisbeerknospen-Gallmilbe) oder durch Saugtätigkeit die Blätter (Johannisbeerblatt-Gallmilbe).

Das Schadbild der Johannisbeerknospen-Gallmilbe sind stark verdickte Knospen, besonders bei Schwarzen Johannisbeeren. Bei geringem Befall können diese Knospen mechanisch entfernt werden, bei stärkerem Befall sind Pflanzenschutzbehandlungen erforderlich.

Bei Befall durch die Johannisbeerblatt-Gallmilbe werden die Blätter blasenartig aufgetrieben, wobei sich die Blasen rötlich verfärben. Gezielte Pflanzenschutzbehandlungen sind unerläßlich.

Stachelbeeren werden durch den Amerikanischen Stachelbeermehltau befallen. Der Befall beginnt an den Triebspitzen. Bereits im Winter sind diese Triebe durch Stauchungen und Kümmerwuchs gekennzeichnet. Im Frühjahr werden erkrankte Triebe mit einem schmutzig-weißen Belag überzogen, der später auch auf die jungen Austriebe und Früchte übergreift.

Zur Bekämpfung des Mehltaus sind alle Triebspitzen zu entfernen und zu verbrennen. Wird zusätzlich im Frühjahr eine Bekämpfung mit einem Schwefelmittel durchgeführt, besteht kaum noch die Gefahr einer Ausbreitung.

Rebe

Die Rebe, insbesondere die Weinrebe (*Vitis vinifera*), ist wohl als Spalierpflanze am häufigsten verbreitet. Sie liefert Trauben zur Most- und Weinbereitung, ist für den Frischverzehr oder getrocknet als Rosine zu verwenden. Die alten Kulturvölker wußten den Wert der Früchte zu schätzen und haben so die Kultur der Rebe intensiv betrieben und gefördert. Durch die römischen Eroberungszüge gelangte die Rebe auch in den deutschen Raum.

Die ursprünglich im Wald beheimatete Pflanze wuchs an Bäumen empor. Ohne Stütze würde die Rebe flach am Boden entlang wachsen. Die europäischen Kultursorten stammen von der Varietät *sylvestris* ab. In Amerika existieren Formen wie *berlandieri, riparia* und *rupestris*. Diese amerikanischen Wildformen waren Ausgangspunkt für die Züchtung reblausresistenter Unterlagen und wurden auch mit europäischen Kultursorten eingekreuzt, um beispielsweise pilzresistente Formen zu entwickeln.

Einen gewaltigen Rückgang erlitt der europäische Weinbau im vorigen Jahrhundert, insbesondere durch die Einschleppung der Reblaus aus Amerika.

Unter den klimatischen Bedingungen Deutschlands wachsen die Reben auf wärmebegünstigten Hängen der Flußtäler. Der größte Anteil der erzeugten Trauben wird zur Weinbereitung verwendet. In nicht so wärmebegünstigten Gebieten wird besonders der Spalierweinanbau an Hauswänden gepflegt. Die erzeugten Trauben werden vorrangig zum Frischverzehr verwendet.

Erziehung und Schnitt

Unabhängig von der Erziehungsform sollte der Rebstock immer einen Stamm von 50 bis 60 cm Länge haben. Als Stütze benötigt der Rebstock ein Spalier, an dem das Altholz (Stamm, Kordonarme oder Schenkel) sowie kleinere Astabschnitte, die zur Bildung und Entwicklung des Tragholzes beitragen, formiert werden. Als Erziehungsformen für die Rebe sind der einarmige senkrechte Kordon, der zweiarmige senkrechte Kordon und der waagerechte Kordon besonders geeignet.

Älteres Rebenspalier an einem Fachwerkhaus in regelloser Erziehung als Begrünung des unteren Mauerbereiches.

Einarmiger senkrechter Kordon
In Verlängerung des Stammes wird ein senkrechter Kordonarm gebildet, an dem nach beiden Seiten Tragholz anzuschneiden ist. Die Länge des Kordonarmes richtet sich nach der Höhe des Spalieres. Die einzelnen Tragholzserien sind beim Bogrebenschnitt 80 bis 90 cm, beim Zapfenschnitt etwa 30 cm übereinander anzuordnen. Der Pflanzabstand der Rebstöcke beträgt bei dieser Erziehungsform etwa 1,50 m. Damit können sowohl schmale Mauerabschnitte bekleidet, als auch mehrere Sorten an längeren Mauern gepflanzt werden.

Zweiarmiger senkrechter Kordon
Die beiden Kordonarme werden über dem Stamm nach beiden Seiten erst waagerecht gezogen und dann in einem Abstand von mindestens 1,00 m vom Stamm senkrecht nach oben geführt.

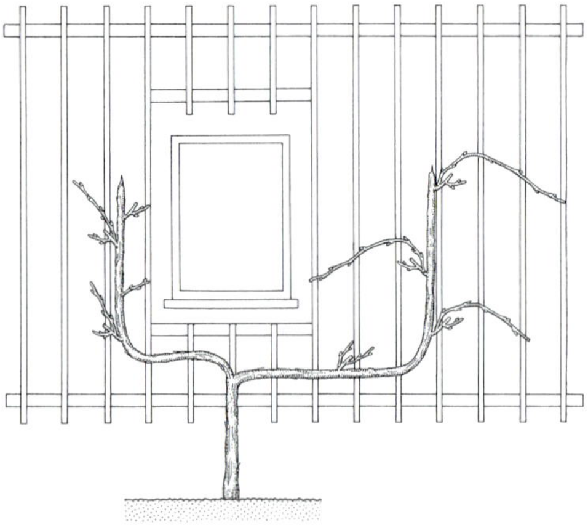

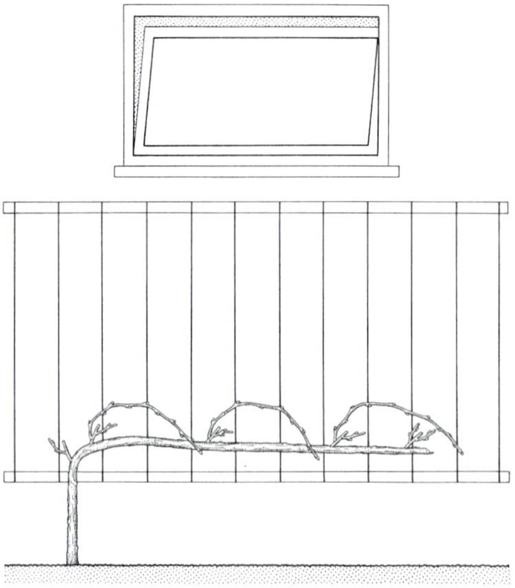

Links: Rebstock als U-Form zur Umrahmung eines Fensters.

Rechts: Rebstock als waagerechter Kordon an einer niedrigen Mauer.

Das Tragholz wird beidseitig der Kordonarme angeschnitten. Diese Erziehungsform ist besonders zur Umrahmung von Fenstern geeignet.

Waagerechter Kordon

Diese Erziehungsform wird häufig bei niedrigen Mauern angewandt. Sie kann ein- oder zweiarmig sein. In Verlängerung des Stammes wird der Kordonarm waagerecht gezogen und auf diesem das Tragholz angeschnitten. Eine Kombination der Erziehungsformen ist möglich.

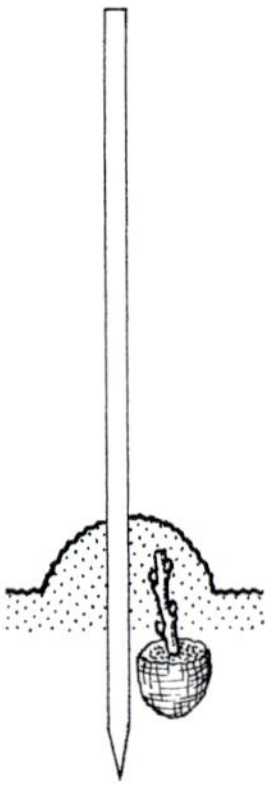

Wurzelechte Rebe zur Pflanzung.

Pflanzschnitt

Bei unveredelten (wurzelechten) Reben wird der vorhandene Trieb auf maximal zwei sichtbare Augen über dem Boden zurückgeschnitten.

Bei veredelten Reben beläßt man höchstens ein sichtbares Auge am Edelreistrieb. Dieser Triebstummel wird mit lockerer Erde, Sand oder Sägespänen abgedeckt. Das bietet guten Schutz des Auges vor dem Eintrocknen. Sind die veredelten Reben an der Veredlungsstelle paraffiniert, darf nicht abgedeckt werden.

Topfreben, die im krautigen Zustand von Juni bis September gepflanzt werden, werden erst im Frühjahr dem Pflanzschnitt unterzogen. Bei zweijährigen oder noch älteren Containerpflanzen ist der Stamm bereits ausgeprägt, so daß ein Pflanz-

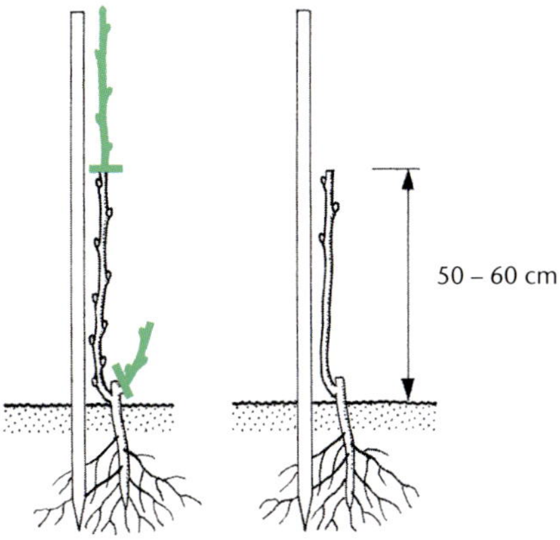

■ *Rebstock zu Beginn des zweiten Standjahres vor und nach dem Schnitt.*

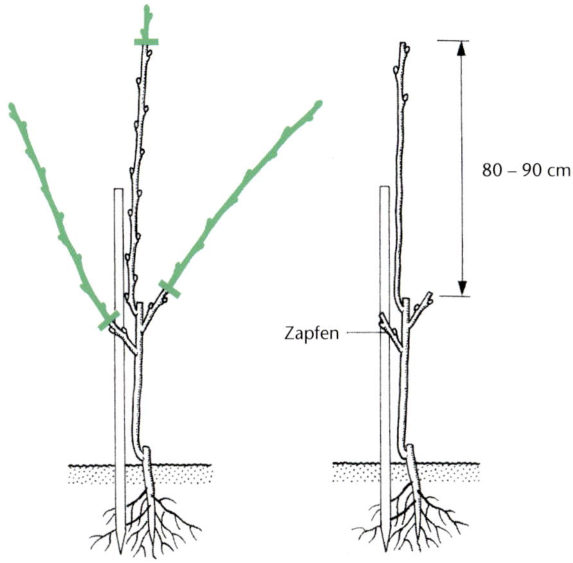

■ *Rebstock zu Beginn des dritten Standjahres vor und nach dem Schnitt .*

schnitt in der herkömmlichen Weise entfällt. In diesen Fällen kann man bereits den Erziehungsschnitt anwenden.

Erziehungsschnitt

Aus dem nach dem Pflanzschnitt verbliebenen Triebstummel entwickeln sich in der Regel mehr Triebe, als für den weiteren Aufbau notwendig sind. Davon werden nur zwei am Rebstock belassen. Der zum Pflanzpfahl am günstigsten stehende Trieb ist mehrfach anzubinden. Die aus den Blattachseln treibenden Geiztriebe werden im Laufe der Vegetationszeit bis auf ein Blatt entfernt. Der andere Trieb wird bei Erreichen von 30 cm Höhe entspitzt, da er nur als Reserve dient.

Der Haupttrieb ist im folgenden Frühjahr (nach dem ersten Standjahr) auf 50 bis 60 cm zurückzuschneiden (Abb. oben links). In dieser Höhe muß er eine Stärke von etwa 8 mm haben. Ist das noch nicht der Fall, wird nochmals auf ein bis zwei Augen zurückgeschnitten. Die weitere Erziehung verzögert sich dann um ein Jahr. Der Reservetrieb wird völlig entfernt, sobald der Schnitt auf Stamm erfolgte.

Die Weiterbehandlung richtet sich nun nach der Erziehungsform. Beim einarmigen Kordon werden nach dem Schwellen der Knospen die oberen drei, beim zweiarmigen senkrechten und beim waagerechten Kordon zwei Kospen belassen. Die restlichen Knospen werden durch Abstreifen entfernt. Die sich ent-

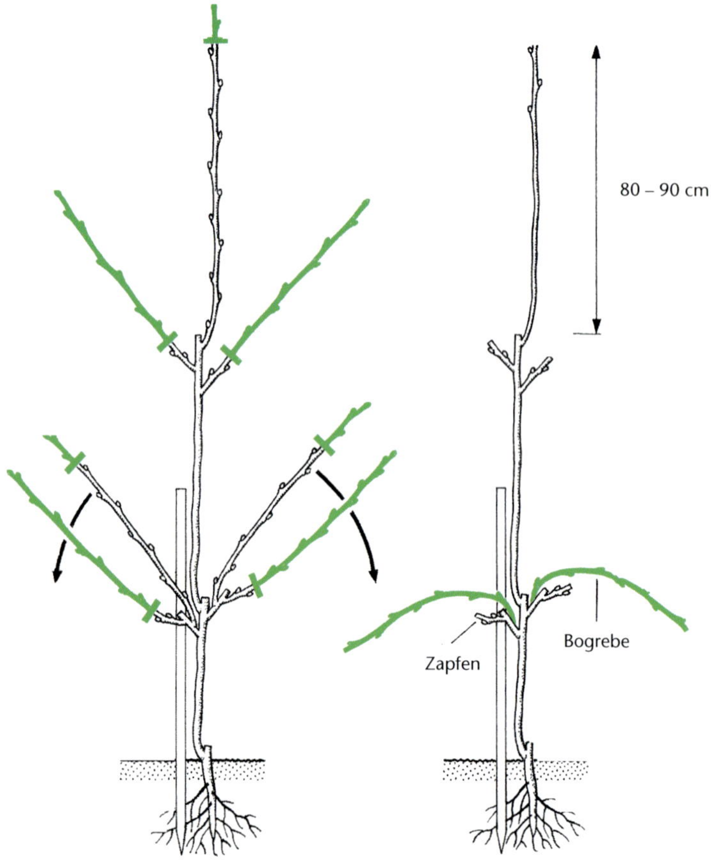

Rebstock zu Beginn des vierten Standjahres vor und nach dem Schnitt.

wickelnden Triebe sind während der Vegetationszeit wiederholt am Spalier anzubinden.

Nach dem zweiten Standjahr werden beim einarmigen senkrechten Kordon die beiden unteren Triebe bis auf zwei Augen (Zapfen) zurückgeschnitten. Der obere Trieb bildet die Stammverlängerung (Kordon) und bleibt 80 bis 90 cm lang (Abb. S. 121 oben rechts). Die weitere Behandlung erfolgt genauso wie im Jahr zuvor am Stamm. Der Rebstock wird in dieser Art so lange erzogen, bis die Höhe des Spaliers erreicht ist. Im oberen Teil des Stockes wird also noch der Erziehungsschnitt, im unteren Teil bereits der Ertragsschnitt durchgeführt.

Ertragsschnitt

Die Rebe fruchtet an Sommertrieben, die aus einjährigem Holz hervorgehen. Dieses einjährige Holz muß sich an zweijährigem befinden. Ist das nicht der Fall, sind die Sommertriebe meist unfruchtbar. Beim Tragholz können entsprechend seiner Länge (Augenzahl) verschiedene Kategorien unterschieden werden:

- Zapfen (Ersatzholz und Tragholz) zwei Augen,
- Strecker bis fünf Augen und
- Bogrebe bis zwölf Augen.

Die Länge des Tragholzes ist abhängig von:

- der Fruchtbarkeit der Sorte und
- der Wüchsigkeit des Rebstockes.

Zapfen als Tragholz kommen für folgende Sorten in Betracht:
'Celine', 'Siegerrebe', 'Mitschurinski', 'Früher Malingre', 'Kossuthtraube' und 'Blauer Portugieser'.

Längeres Tragholz verlangen:
'Dornfelder', 'Gelbe Seidentraube', 'Gutedel', 'Königin der Weingärten', 'Phoenix', 'Regent' und 'Blauer Trollinger'.

Ausgangspunkt für den Ertragsschnitt ist der Erziehungsschnitt, bei dem nach dem zweiten Standjahr bereits zwei Zapfen angeschnitten worden sind. Daraus bilden sich jeweils zwei Triebe (Abb. S. 122). Im Folgejahr wird der dem Stamm am nächsten befindliche Trieb wieder als Zapfen geschnitten. Der andere wird lang als Strecker oder Bogrebe belassen und am Spalier befestigt (Abb. S. 122). Im darauffolgenden Jahr wird die gesamte Bogrebe mit ihren einjährigen Trieben an der Ansatzstelle entfernt. Das neue Tragholz wird wieder aus den Austrieben des Zapfens gebildet. Dieser Rhythmus wird während der gesamten Standzeit des Rebstockes beibehalten.

Beim Rebschnitt wird der Schnitt etwa 1,5 cm über dem Auge ausgeführt, denn bei dichtem Schnitt über dem Auge trocknet dieses ein.

Sortenempfehlung

Für die Auswahl von Rebsorten für den Spalieranbau sind der Standort in seiner geographischen Lage und die Himmelsrichtung des Spalieres von entscheidender Bedeutung. In Vorgebirgsgegenden muß außerdem die kürzere Vegetationsperiode beachtet werden. An küstennahen Standorten und für nach Westen gerichtete Spaliere dürfen keine fäulnisempfindlichen Sorten verwendet werden. Starkwüchsige Sorten sind für klei-

nere Spaliere ungeeignet und schwachwüchsige Sorten schaffen es kaum, große Spaliere zu bekleiden.

Sehr früh reift **'Celine'**. Sie ist besonders für nördliche und Vorgebirgslagen geeignet. Ihr Wuchs ist schwach. Die Traube ist lockerbeerig mit einer geringen Neigung zur Fäule. Die gelblich-grünen Beeren sind süß und von feinaromatischem Geschmack. Der Ertragsschnitt darf jedoch nicht zu lang ausgeführt werden.

In der frühen Reifegruppe sei besonders **'Mitschurinski'** zu empfehlen. Diese aus der ehemaligen Sowjetunion stammende blaue Rebsorte ist sehr resistent gegenüber dem Echten Mehltau. Der Wuchs ist sehr stark. Die Trauben sind lockerbeerig. Die Sorte neigt bei schlechtem Blühwetter zum Ausrieseln (großer Anteil kleiner, unbefruchteter Beeren). Die mittelgroßen, bedufteten blauen Beeren haben einen angenehmen Muskatgeschmack.

Rebsorte 'Roter Gutedel'.

Mittelfrüh reift die **'Königin der Weingärten'**. Diese Sorte stellt an Standort und Klima sehr hohe Ansprüche. Sie sollte nur in ausgesprochenen Weinbergslagen gepflanzt werden. Der Wuchs ist mittelstark. Die Trauben sind sehr groß und kompakt. Bei Verrieselung sind sie mehr lockerbeerig. Die großen, runden Beeren haben eine gelbe bis bernsteingelbe Färbung und sind von deutlichem Muskatgeschmack. Der Ertragsschnitt ist mittellang auszuführen. Die Sorte ist jedoch außerordentlich anfällig für Pilzkrankheiten.

Von den mittelspät reifenden Sorten wird der **'Gutedel'** am häufigsten angebaut. Diese Sorte tritt in den zwei Farbspielarten Rot und Weiß auf. Der 'Gutedel' wird zum Frischverzehr, aber auch als Keltertraube verwendet. Sein Wuchs ist mittelstark, die Neigung zum Verrieseln hoch. Die Ansprüche an Klima und Standort sind mittel bis hoch. Die Trauben sind mittelgroß, kompakt bis lockerbeerig (bei Verrieselung). Die Beeren haben einen süßsäuerlichen Geschmack. Die Sorte ist sehr gut lager- und transportfähig.

'Blauer Portugieser' ist eine sehr stark wachsende Sorte und deshalb für große Spaliere geeignet. Die Trauben sind mittelgroß, zum Teil geschultert und dichtbeerig. Die Beeren sind dunkelblau und bereift. Der Geschmack ist süß ohne Aroma. Die Sorte ist jedoch sehr anfällig für Echten Mehltau.

Von den spätreifenden Sorten sei der **'Blaue Trollinger'** genannt. Die Sorte stellt sehr hohe Ansprüche an das Klima und benötigt zur optimalen Ausreife einen langen und schönen Herbst. Ihr Wachstum ist sehr stark. Die Trauben sind groß, geschultert und zum Teil mehr lockerbeerig. Die Beeren sind bläulich bis blauviolett gefärbt und silbrig bereift. Das Fruchtfleisch ist gallertartig. Die Sorte ist empfindlich gegenüber Echtem Mehltau.

Rebsorte 'Blauer Portugieser'.

Da Pilzkrankheiten, wie beispielsweise der Echte Mehltau, im Weinbau zu sehr großen Schäden und Ausfällen führen können, bestehen seit Jahren in der Rebenzüchtung Bestrebungen, Sorten zu züchten, die resistent gegenüber diesen Pilzkrankheiten sind und deshalb an dieser Stelle besonders empfohlen werden sollen.

'Phoenix' wächst mittel bis stark. Die Sorte ist sehr resistent gegen den Falschen Mehltau und unempfindlich gegen den Echten Mehltau. Die Reife dieser Sorte erfolgt mittelfrüh. Die Beeren sind groß, gelblichgrün mit leichtem Muskatgeschmack. Niederschlag zur Zeit der Reife kann jedoch zum Platzen der Beeren führen.

'Regent' ist resistent gegenüber dem Echten Mehltau. Die Sorte wächst mittelstark. Zum Anbau sind geschützte Standorte erforderlich, da es sonst während der Blüte zum Ausrieseln kommen kann. Die Traube ist mittelgroß und lockerbeerig. Die Beeren sind klein bis mittelgroß und blau gefärbt. Der Saft ist leicht gefärbt. Die Reifezeit ist mittelfrüh.

Pflegemaßnahmen

Die Rebe verlangt durchlässige, gut erwärmbare Böden. Für eine gute Holzreife der Triebe ist eine ausreichende Kaliumversorgung notwendig. Der hohe Nährstoffbedarf kann durch eine Volldüngergabe im zeitigen Frühjahr abgedeckt werden. Bei hohem Fruchtbehang macht sich eine zusätzlich Stickstoffdüngung unmittelbar nach der Blüte erforderlich.

Über die gesamte Vegetationszeit ist für eine luftige Laubwand zu sorgen. Deshalb sind termingerechte **Laubarbeiten** unerläßlich. Zu den Laubarbeiten wird folgendes gerechnet:

- Ausbrechen unfruchtbarer Triebe, die für die weitere Erziehung und den Stockaufbau nicht benötigt werden,
- Entfernen von Wasserschossern aus dem Stamm- und Altholzbereich, sofern auch sie für den Stockaufbau nicht benötigt werden,
- gleichmäßiges Verteilen und Heften der Sommertriebe am Spalier,
- Entspitzen von Sommertrieben bei Überschreiten des vorgegebenen Standraumes sowie im August zur Begünstigung der Holzreife und
- das Entfernen von Blättern im Bereich der Traubenzone zur Zeit der Reife.

Oftmals bilden sich aus den Blattachseln Geiztriebe. Dies wird bei mehr waagerechter Stellung des Triebes noch begünstigt. Frühzeitig gebildete Geiztriebe können bis auf das unterste Blatt entfernt werden. Später übernehmen Geiztriebe die Assimilatebildung und sind für die Einlagerung von Inhaltsstoffen in die Trauben verantwortlich.

Der Rebstock ist aufgrund seines weitreichenden Wurzelsystems in der Lage, Wasser aus tieferen Bodenschichten aufzunehmen. Dennoch sollte bei langanhaltender Trockenheit der Wasserbedarf durch Zusatzbewässerung abgedeckt werden.

Der Spalierrebenanbau wird jedoch nur erfolgreich sein, wenn Pflanzenschutzmaßnahmen durchgeführt werden. Von besonderer Bedeutung sind beim Anbau von Reben die Pilzkrankheiten, aber auch vor tierischen Schaderregern soll an dieser Stelle gewarnt werden.

Pilzkrankheiten

Der **Echte Mehltau** (*Oidium*) tritt an Hausspalieren aufgrund des exponierten Standortes sehr häufig auf. Sofern keine gezielte Bekämpfung durchgeführt wird, ist für das Folgejahr ein erneuter Befall vorprogrammiert. Der Pilz überwintert in den Knospen und ist auf diese Weise mit dem Austrieb im Frühjahr bereits wieder latent vorhanden. Eine warme Tageswitterung und kühl-feuchte Nächte beschleunigen das Ausbreiten der Krankheit. Das Erscheinungsbild ist ein mehliger Belag, der vielfach zuerst blattoberseits auftritt. Der Pilz befällt alle grünen Pflanzenteile, also auch die jungen, stark chlorophyllhaltigen Beeren. Durch das Eindringen des Pilzes in die Beere wird die weitere Entwicklung der Beerenschale verhindert. Nur das Beereninnere entwickelt sich eine gewisse Zeit weiter. In Folge platzen die kleinen Beeren auf und die Samenkerne werden sichtbar (Samenbruchkrankheit).

Vom Echten Mehltau sehr stark befallene Traube. Bei dieser Befallsstärke gibt es kaum noch eine Rettung.

Bei Einhaltung folgender Bekämpfungstermine läßt sich der Befall verhindern.

1. Zur Zeit des Austriebes (Knospenschwellen bis Öffnen der Knospe) – Einsatz von Schwefelpräparaten mit einer Konzentration von 0,7 %.
2. Im Drei- bis Fünfblattstadium – Einsatz von Schwefelpräparaten mit einer Konzentration von maximal 0,4 %.
3. Unmittelbar nach der Blüte – Anwendung systemisch wirkender Präparate.

Je nach Witterungsbedingungen ist die Nachblütespritzung zu wiederholen.

Weitere Beachtung ist den Pilzkrankheiten Falscher Mehltau (*Peronospora*) und dem Grauschimmel (*Botrytis*) zu schenken. Im Gegensatz zum Echten Mehltau sind beide für ihre Ausbreitung an höhere Feuchtigkeit gebunden.

Der **Falsche Mehltau** (*Peronospora*) überwintert am alten am Boden liegenden Reblaub. Die Sporenträger werden von dort

Links: Falscher Mehltau. Erkennbar am Ölfleck blattoberseits.
Rechts: Blattunterseits wird beim Falschen Mehltau ein Pilzrasen gebildet.

durch Spritzwasser an den unteren Rebstockbereich befördert. Der Pilzbefall beginnt blattoberseits mit Ölfleckensymptomen, blattunterseits mit einem mehligen Belag. Die jungen Beeren werden ebenfalls befallen. Das weitere Beerenwachstum wird somit gestoppt. Die Beeren verfärben sich rötlich-violett und schrumpfen zu sogenannten Lederbeeren zusammen.

Der Grauschimmel (*Botrytis cinerea*) ist ein Schwächeparasit, der kranke oder beschädigte Pflanzenteile befällt. Gefürchtet ist vor allem der Befall der Blütenstände. Durch nasse Witterung während der Blüte können sich die Käppchen, welche die Staubgefäße anfangs umschließen, nicht vollständig ablösen, so daß der Pilz an diesem abgestorbenen Pflanzenteil einen guten Nährboden hat. Beim Befall der Trauben kann es zur Sauerfäule kommen. Haben die Beeren ein bestimmtes Reifestadium erreicht und es kommt zum Befall mit *Botrytis*, kann sich die bei der Weinerzeugung beliebte Edelfäule bilden.

Tierische Schaderreger

Von der Vielzahl tierischer Schaderreger, die auftreten können, sei die **Rebenpockenmilbe** genannt. Sie tritt an Hausspalieren sehr häufig auf. Die Blätter bekommen blattoberseits blasenartige Aufwölbungen. Blattunterseits befinden sich die Milben, die durch einen weißlichen Filz geschützt sind. Das Erscheinungsbild darf nicht mit dem Pilzrasen des Falschen Mehltaus verwechselt werden. Zielsicher bekämpft werden kann die Rebenpockenmilbe im zeitigen Frühjahr (Austrieb) durch Einsatz mineralölhaltiger Pflanzenschutzmittel. Bei geringem Befall genügt es, die Blätter zu entfernen, tief einzugraben oder zu verbrennen.

Die **Kräuselmilbe** kann besonders zu Austriebsverzögerungen und Triebstauchungen im Frühjahr führen. Bei Befall im vorangegangenen Jahr kann eine zielgerichtete Bekämpfung zum Zeitpunkt des Knospenschwellens (Wollestadium) mit einem Schwefelmittel notwendig sein.

Probleme zum Zeitpunkt der Traubenreife können Vogel- und Wespenfraß bereiten. Zum **Schutz vor Vogelfraß** können die Spaliere mit Schutznetzen behangen werden. In größeren Rebanlagen werden auch phonoakustische Geräte zur Vertreibung der Vögel eingesetzt. Die **Bekämpfung der Wespen** ist schwierig, die Anwendung von Köderfangflaschen mit Johannisbeermost, Essig-Zucker-Lösung oder angegorenem Bier ist nicht ausreichend. Besonders anfällig für Wespenfraß sind stark aromatische Sorten, wie z.B. 'Siegerrebe'.

Seite 130/131: Uralter freistehender waagerechter Kordon.

Anhang

Literaturverzeichnis

Ambrosi, H., Dettweiler, E., Rühl, E. H., Schmid, J. und Schumann, F.: Farbatlas Rebsorten. Verlag Eugen Ulmer, Stuttgart, 1. Aufl. 1994.

Bauckmann, M.: Kiwi. Verlag Eugen Ulmer, Stuttgart, 2. Aufl. 1992.

Blasse, W.: Blühen und Fruchten beim Obst. Deutscher Landwirtschaftsverlag, Berlin, 2. Aufl. 1982.

Buchter-Weisbrodt, H.: Obst. Verlag Eugen Ulmer, Stuttgart 1. Aufl. 1993.

Bundessortenamt: Wildobstarten. Beschreibende Sortenliste. Verlag Alfred Strothe, Frankfurt a.M., 1993.

de Haas, P. G.: Naturgemäßer Obstbaumschnitt. BLV Verlagsgesellschaft, München, Bern, Wien, 1978.

Fiedler, W. und Umhauer, M.: Anbau des Pfirsichs und der Aprikose. Deutscher Landwirtschaftsverlag, Berlin, 3. Aufl. 1978.

Friedrich, G. und Preusse, H.: Ratschläge für den Obstgarten. Neumann Verlag GmbH, Radebeul, 5. Aufl. 1991.

Friedrich, G. und Schuricht, W.: Seltenes Kern-, Stein- und Beerenobst. Neumann Verlag, Leipzig, Radebeul, 2. Aufl. 1989.

Gaertners, R.: Erziehung, Schnitt und Kultur der Form- oder Zwergobstbäume. Verlagsanstalt Trowitzsch & Sohn GmbH, Frankfurt/O., 1921.

Löschnig, J. und Passecker, F.: Die Marille (Aprikose) und ihre Kultur. Österreichischer Agrarverlag, Wien, 1954.

Metzner, R.: Das Schneiden der Obstbäume und Beerensträucher. Verlag Eugen Ulmer, Stuttgart, 15. Aufl. 1991.

Poenicke, W.: Warum? und Weil! im Zwergobstbau. Verlagsbuchhandlung von Eugen Ulmer, Stuttgart, 1919.

Schipper, A.: Erfolgreicher Formobstbau. Gartenbauverlag Trowitzsch & Sohn, Frankfurt/O., 1940.

Schmitz-Hübsch, H. und Fürst, L.: Intensiv-Obstbau in Heckenform. Verlag Eugen Ulmer, Stuttgart, 3. Aufl. 1962.

Silbereisen, R., Götz, G. und Hartmann, W.: Obstsorten-Atlas. Verlag Eugen Ulmer, Stuttgart, 2. Aufl. 1996.

Sorge, P.: Beerenobstsorten. Neumann Verlag, Leipzig, Radebeul, 2. Aufl. 1990.

Werck, J.: Die Kultur der Zwergobstbäume. Selbst-Verlag, Ragatz, 1887.

Winter, F.: In: Janssen, H., Kennel, W., Link, H., Scherr, F., Silbereisen, R., Streif, J. und Winter, F.: Lucas' Anleitung zum Obstbau. Verlag Eugen Ulmer, Stuttgart, 31. Aufl. 1992.

Bildquellen

Elke Borkowsky, Dortmund: Seite 8/9
Dr. Helga Buchter-Weissbrodt, Rödersheim: Seite 13, 16, 32, 38, 44, 55, 74, 83(2), 84/85, 89, 90, 99, 115, 127
Arnaud Descad, M.A.P. F - Every: kleines Titelbild, Seite 2, 7, 14/15, 47 (rechts), 130/131
F. Didilon, M.A.P. F - Every: Seite 58/59
Prof. Manfred Fischer, Dresden-Pillnitz: Seite 77 (2), 79 (3) und 133, 97, 101, 104
Gerd Großmann, Dresden-Pillnitz: Seite 5, 18 (links), 42 (rechts), 56 (unten), 124, 125, 128 (2)
Peter Himmelhuber, Regensburg: Seite 19, 20, 42 (links), 48, 56 (oben), 87, 106/107, 114
Yann Monel, M.A.P. F - Every: großes Titelbild
Eberhard Morell, Dreieich: Seite 21, 47 (links), 50
Hans Reinhard, Heiligkreuzsteinach: Seite 11, 12, 18 (rechts), 23, 24, 26/27, 28, 31, 37, 39, 40/41, 49, 51 (groß), 61, 65, 71, 81, 93, 111, 119
Nils Reinhard, Heiligkreuzsteinach: Seite 53
F. Strauss, M.A.P. F - Every: Seite 34 und 135
Dr. Brigitte Wolfram, Dresden: Seite 102/103, 105

Die Zeichnungen wurden von Ernst Halwaß, Nossen, nach Vorlagen von Frau Sylvia Metzner und Herrn Gerd Großmann gefertigt.

Register

Mehr zum Thema finden Sie hier.

In diesem Werk sind die hierzulande wichtigen und verbreiteten Obstsorten in fachkundigen Beschreibungen und mustergültigen Abbildungen umfassend dargestellt. Die anschauliche Verbindung von exakt beschreibenden Texten, vielfach mit Angabe der physikalischen und chemischen Meßwerte der Früchte, sortentypischen Farbfotos und naturgetreuen Zeichnungen ermöglicht den Sortenvergleich, die Sortenwahl und vor allem die Sortenerkennung. Erwähnenswert sind Zusammenstellungen von empfehlenswerten Tafeläpfel-Sorten für den Hausgarten oder von landschaftsprägenden Apfel- und Birnensorten mit ihren wichtigsten Merkmalen und Eigenschaften.

Obstsortenatlas. *Kernobst, Steinobst, Beerenobst, Schalenobst. Dr. R. Silbereisen. 2. Aufl. 1996. 420 Seiten, 237 Farbfotos, 106 Zeichn., 98 Tabellen. ISBN 3-8001-5537-0.*

Wenn frische Wunden unversorgt bleiben oder ältere Schadstellen nicht nachbehandelt werden, sind dies Angriffspunkte für Krankheitserreger. Wer das vermeiden möchte, für den ist dieses grundlegende, umfassende und für jeden leicht verständliche Buch eine Hilfe.

Obstbaumwunden. *Versorgen, pflegen, verhüten. Dipl.-Ing. H. Schmid. 1992. 156 Seiten, 66 Farbf., 30 Zeichn. ISBN 3-8001-6486-8.*

Der „Schmid" ist seit bald 20 Jahren im Liebhaberobstbau und ebenso auch in Fachkreisen ein fester Begriff. Das in jeder Hinsicht vorbildliche Praxisbuch ist sowohl inhaltlich als auch optisch voll auf dem heutigen Stand.

Obstbaumschnitt. *Dipl.-Ing. H. Schmid. 7. Auflage 1995. 202 S., 107 Farbf., 12 sw-Fotos, 98 Zeichn. ISBN 3-8001-6584-8.*